바벨의 파편

바벨의 파편

발행일	2025년 7월 29일

지은이	최중철		
펴낸이	손형국		
펴낸곳	(주)북랩		
편집인	선일영	편집	김현아, 배진용, 김다빈, 김부경
디자인	이현수, 김민하, 임진형, 안유경	제작	박기성, 구성우, 이창영, 배상진
마케팅	김회란, 박진관		
출판등록	2004. 12. 1(제2012-000051호)		
주소	서울특별시 금천구 가산디지털 1로 168, 우림라이온스밸리 B동 B111호, B113~115호		
홈페이지	www.book.co.kr		
전화번호	(02)2026-5777	팩스	(02)3159-9637
ISBN	979-11-7224-761-4 03230 (종이책)		979-11-7224-762-1 05230 (전자책)

잘못된 책은 구입한 곳에서 교환해드립니다.
이 책은 저작권법에 따라 보호받는 저작물이므로 무단 전재와 복제를 금합니다.
이 책은 (주)북랩이 보유한 리코 장비로 인쇄되었습니다.

(주)북랩 성공출판의 파트너

북랩 홈페이지와 패밀리 사이트에서 다양한 출판 솔루션을 만나 보세요!

홈페이지 book.co.kr • **블로그** blog.naver.com/essaybook • **출판문의** text@book.co.kr

---

작가 연락처 문의 ▶ ask.book.co.kr

작가 연락처는 개인정보이므로 북랩에서 알려드릴 수 없습니다.

성경과 말의 뿌리를 잇는 묵상의 여정

바벨의 파편

최중철
지음

북랩

서문

 이 글은 성경을 묵상하는 중에 한국말과 히브리말의 어떤 언어적인 연관성을 추적하면서 기록한 간단한 묵상을 모은 글입니다. 앞으로 전문적인 연구를 하시는 분들이 있어서 더 깊이 이런 연구를 시도해 주었으면 좋겠습니다.

 전통적으로 고대 히브리어 성경(구약)은 B.C. 1400년경부터 기록되어 B.C. 400년경에 기록이 종료됩니다. 이에 비해 한글은 세종대왕께서 한글을 창제하신 A.D. 1443년 이후에 글자로서 기록됩니다. 국어사전을 살펴보아도 한국말과 단어에 대한 기록은 세종대왕께서 훈민정음을 창제하신 15세기 정도까지만 거슬러 올라가는 것이 시간적 한계인 것 같습니다. 고대 히브리어 성경과 한글로 기록된 한국말의 시간적 차이는 2,000여 년에 이릅니다. 이런 차이를 메울 만한 어떤 자료나 이론은 많지 않은 것 같습니다.

훈민정음에는 세종대왕께서 한글을 창제하신 동기로서 한 가지 사실이 기록되어 있습니다. '나라 말씀은 중국과 다르다'입니다.

성경을 묵상하면서 고대 히브리어 성경에 한국말의 기원을 알려주는 힌트와 같은 단어들이 기록되어 있는 것을 찾게 되었습니다. 정말 그런 단어들이 우리나라 말의 어원을 형성하고 있는지, 아니면 단순히 고대의 문화 교류를 통해서 우리말에 접목된 언어들인지는 잘 알 수 없습니다.

다만 천 년 이상 한자문화권에 속해 있었기에 우리나라 고유의 말들 위에 한자라는 외형적 형태가 덮여 있는 것이 많습니다. 그 형태의 껍질이 씌워지지 않은 한국말을 연구한다면 한국말의 고유성이 조금씩 더 드러나지 않을까 생각해 봅니다. 본문에서는 한자어 없이 한글로 기록된 한국말에 초점을 맞추었습니다.

이 책은 학문적 관점에서 접근한 책이 아닙니다. 간단한 묵상집과 같이 편안하고 쉽게 한 번 읽을 수 있기를 희망합니다. 다만, 성경 히브리어라는 고대 언어가 가지는 특징으로 인해 히브리어 알파벳과 그 음가를 간략하게 기술할 필요는 있다고 생각되어 본 서문 뒤에 수록한 표와 같이 히브리어 알파벳과 한글, 영어 발음을 정리하였습니다. 이런 표는 일반적인 히브리어 사전이나 문법 책에도 대부분 기록되어 있는 내용이므로 참조하여 주시기 바랍니다.

본서에서 몇 가지 히브리어 알파벳들의 음가를 표기하여 한국말과 비교하면서 유의한 점을 간단히 기술하겠습니다.

① 알레프(א - 무음 / 아, Silent / A): 어떤 히브리어 문법에서는 이 음가를 모른다고 기록합니다. 또는 무음, 즉 소리가 없다고 기록되기도 하며 때로 "아"로 발음이 되기도 합니다. 그리고 알레프에 붙은 모음 부호에 의해서 "이", "에", "오"와 같은 소리가 나기도 합니다.
② 히브리어 성경에 기록된 모음 부호는 A.D. 5~9세기에 걸쳐서 성경의 정확한 발음을 보존하기 위해 율법학자들인 맛소라 학파에서 추가하여 붙인 것입니다. 그 이전에는 자음으로만 기록된 성경이 있었습니다. 히브리 단어와 한국 단어를 자음 중심의 발음으로 비교하였습니다.
③ 히브리어와 아람어를 특별히 구별하지 않았습니다.

④ 히브리어 단어의 품사와 한국말 단어의 품사를 특별히 구별하지 않았습니다. 발음과 뜻을 중심으로 비교하였습니다.
⑤ 주지하듯이, 히브리어는 오른쪽에서 왼쪽으로 쓰는 언어입니다. 본문에서 예를 들어 'אב 아브'로 기록되었다면, 히브리어는 오른쪽 글자 א(아), 왼쪽 글자 ב(브)입니다. 알레프(א)의 아래에 붙은 작은 표시 ָ 등은 모음 부호 중의 하나입니다.

본서는 감추어진 보화와 같이 고대의 히브리어 성경 속에 숨겨져 있는 한국말의 흔적을 우연히 찾아내어 본 것입니다. 성경을 묵상하는 분들 중에서 한국말의 기원을 찾는 분들이 있다면 조금은 도움이 되리라고 생각됩니다.

수천 년의 시간적 간극과 극동과 중동의 지리적 간극을 메울 만한 특별한 자료들을 발견하기는 어렵지만, 이미 오래전부터 성경을 연구하고 번역하신 선학자들의 노력이 있기 때문에 이런 묵상도 가능할 것입니다.

다음은 특별히 감사드리는 사항입니다.

① 『스트롱코드 히브리어 헬라어 사전』(ONO출판사)의 내용을 사용하도록 허락해 주신 김성수 대표님께 감사드립니다.
② 개역개정 성경 본문을 사용하도록 허락해 주신 성서공회에 감사드립니다.
③ 연세한국어사전(인터넷)을 통해 한국어 뜻을 사용하도록 허락해 주신 연세대학교 언어정보연구원에 감사드립니다.
④ 표준국어대사전(인터넷)을 통해 고대 한국어 어원과 출처를 사용하도록 허락해 주신 국립국어원에 감사드립니다(저작권 원칙 준수).
⑤ 네이버 사전을 통해 쉽게 언어들에 접근할 수 있었습니다. 감사드립니다.

글을 쓰도록 협력해 준 아내와 아들, 부족한 종을 위해 기도해 주시는 한국소망교회 성도님들께 감사드리며, 기도의 후원자 모든 분들에게도 감사의 인사를 전합니다.

오직 하나님께 영광을 돌리며, 예수 그리스도의 사랑과 은혜가 물이 바다 덮음같이 우리나라에 가득하기를 소망합니다. 대한민국 민족 복음화와 독자들의 성경 묵상에 조금이라도 이 책이 유익하기를 기도하면서, 은혜가 함께하시기를 기원합니다. 감사합니다.

2025년 7월
최중철

히브리어 문자	이름	한글 표기	로마자 표기
א	알레프	ㅇ	', (Silent)
ב	베트	ㅂ	b(bh)
ג	기멜	ㄱ	g(gh)
ד	달레트	ㄷ	d(dh)
ה	헤	ㅎ	h
ו	바브	우, ㅂ	w(v)
ז	자인	ㅈ	z
ח	헤트	ㅎ	ch
ט	테트	ㅌ	t
י	요드	이, ㅇ	y
כ, ך	카프	ㅋ	k(kh)
ל	라메드	ㄹ	l
מ, ם	멤	ㅁ	m
נ, ן	눈	ㄴ	n
ס	싸메크	ㅆ	ṣ(강한 s)
ע	아인	ㅇ	'
פ, ף	페	ㅍ	p(ph)
צ, ץ	차데	ㅊ	ts
ק	코프	ㅋ	k
ר	레쉬	ㄹ	r
שׂ	신	ㅅ	s
שׁ	쉰	쉬	sh
ת	타브	ㅌ	th(th)

히브리어 문자표 - 스트롱코드 히브리어 헬라어 사전 부분 편집

차례

서문   5

001. 아비 - אָב(아브)   20
002. 에미(어미) - אֵם(엠)   22
003. 있다 - אִיתַי(이타이)   24
004. 하다 - הָדָה(하다)   26

005. 갈다, (밭)갈이 - אָכַר(익카르)   28
006. 갈다, (털)갈이 - קָרַח(카라흐)   30
007. 가멸다 - גְּמוּל(게물)   32
008. 거두다 - גְּדוּדָה(게두다)   34
009. 거들먹거리다 - גָּדוֹל(가돌)   36
010. 구렁 - קוֹר(쿠르)   38
011. 꽃 - קוֹץ(코츠)   40
012. 나 - אֲנָא(아나)   42
013. 나가다 - נָגַע(나가)   44
014. 나다 - נָדָה(나다)   46
015. 나르다 - נָלָה(날라)   48

016. 나비 - נַחְבִי(나흐비)   50
017. 나서다 - נָסַע(나싸)   52
018. 넋(시) - אָנַךְ(아나크)   54
019. 낫다 - נָאָה(나아)   56
020. 낳다 - נָטָה(나타)   58
021. 높다 - נוֹף(노프)   60
022. 놓다 - נָטָע(나타)   62
023. 눈 - נון(눈)   64
024. 눈다 - נוּר(누르)   66
025. 눕다 - נוּחַ(누아흐)   68
026. 다구리 - דְּקַר(다카르)   70
027. 다리 - דָּלִיָּה(달리야)   72
028. 단단하다 - אָדַן(앗단)   74
029. 달 - דָּר(다르)   76
030. 달다 - דָּלָה(달라)   78
031. 달다 - דָּלָה(달라)   80
032. 달리다 - דַּל(달)   82
033. 담 - דָּם(담)   84
034. 답답하다 - אָדַב(아다브)   86
035. 대가리 - דְּכַר(데카르)   88
036. 대구 - דָּג(다그)   90
037. 돈 - אָדוֹן(아돈)   92
038. 떼 - דֶּשֶׁא(데셰)   94
039. 마구 + 자르다 - מַגְזֵרָה(마그제라)   96
040. 마르다 - מֶלַח(말라흐)   98
041. 마시다 - מַשְׁקֶה(마쉬케)   100
042. 막, 막하다 - מָחַק(마하크)   102

043. 막다 - מָקֵץ(마카츠) 104
044. 막대기, 막대 - מַטֶּה(맛테) 106
045. 말, 말하다 - אָמַר(아마르) 108
046. 말하다 - מָלַל(말랄) 110
047. 맞나다 - מִנְעָם(만암) 112
048. 맡다, 맞다 - מַטָּרָא(맡타라) 114
049. 매우 - מְאֹד(메오드) 116
050. 메 - מְחִי(메히) 118
051. 메아리 - מְעָרָה(메아라) 120
052. 메어(치다) - מָחָא(메하) 122
053. 메주 - מָזוּ(메제브) 124
054. 모르다 - מוֹרֶה(모레) 126
055. 모으다 - מוֹעֵד(모에드) 128
056. 무르다 - מוּר(무르) 130
057. 묵 - מוּג(무그) 132
058. 묻다 - מוּת(무트) 134
059. 밀다 - מִלֻּאָה(밀루아) 136
060. 바래다 - בָּלָה(발레) 138
061. 바르다 - בָּלַע(발라) 140
062. 받다 - אָבַד(아바드) 142
063. 배, 태(胎), 배때기(배의 속된 말) - בֶּטֶן(베텐) 144
064. 배다 - בֵּן(벤) 146
065. 빌다 - בִּינָה(비나) 148
066. 빠삭하다 - פָּסַג(파싸그) 150
067. 사다리('사닥다리'의 준말) - שְׂדֵרָה(세데라) 152
068. 사달 - סָתַר(싸타르) 154
069. 살 - שְׁאֵר(세에르) 156

070. 살, 살살 - סַל(쌀) 158
071. 삼(삼하다) - סָם(쌈) 160
072. 삽 - סַף(싸프) 162
073. 세다 - שֵׁן(셴) 164
074. 소 - שׁוֹר(쇼르) 166
075. 수그리다 - סוּג(쑤그) 168
076. 수틀리다 - שׁוּתָלַח(슈텔라흐) 170
077. 숨다 - שׁוּם(숨) 172
078. 숲 - אָסַף(아쑤프) 174
079. 시루 - סִיר(씨르) 176
080. 신 - סְאָן(싸안) 178
081. 싸개 - שַׂגִּא(샤계) 180
082. 싸그리('싹'의 속된 말) - סָגַר(싸가르) 182
083. 싸라기 - שָׁלַג(샬라그) 184
084. 쏘다 - סְנֶה(쎄네) 186
085. 쏙 - סֹךְ(쏘크) 188
086. 씨 - זֶרַע(제라) 190
087. 아가, 아가미 - עֲנָב(아가브) 192
088. 아가리 - אָכַל(아칼) 194
089. 아니(방언: 아이다) - אַיִן(아인) 196
090. 아쉽다 - אָסוֹן(아쏜) 198
091. 아우 - אָח(아흐) 200
092. 아차 - עֵצָה(아차) 202
093. 알리다 - עֲלִילָה(알릴라) 204
094. 앞 - אַף(아프) 206
095. 야리다 - יָרֵא(야레) 208
096. 약, 약올리다 - יָגָה(야가) 210

097. 얍삽하다 - יָסַף(야싸프) 212
098. 어울 - יְאֹר(예오르) 214
099. 예쁘다 - יָפָה(야파) 216
100. 오르다 - עָלָה(올라) 218
101. 오므리다 - עָמְרִי(오므리) 220
102. 올레 - אֹרַח(오라흐) 222
103. 요, 요래, 요렇게 - יוֹרֶה(요레) 224
104. 요맘(때) - יוֹמָם(요맘) 226
105. 우람하다, 아름 - רָם(람) 228
106. 움(집) - אָמָּה(움마) 230
107. 움츠리다 - אוּץ(우츠) 232
108. 이(리), 이(빨) - אִי(이) 234
109. 이르다 - יִרְאָה(이르아) 236
110. 이바지 - עָבַד(아바드) 238
111. 일나다, 일어나다, 이랴 - עִירָא(이라) 240
112. 임, 님(존칭) - עִם(임) 242
113. 자라다 - זָרַח(자라흐) 244
114. 자루 - צְרוֹר(체로르) 246
115. 잡다 - זָבַח(자바흐) 248
116. 쟁기 - אָזֵן(아젠) 250
117. 절(하다) - צֶלַע(첼라) 252
118. 조르다 - אֱזוֹר(에조르) 254
119. 조리다, 조림 - צַר(차르) 256
120. 주다 - זוּן(준) 258
121. 짜다 - צָאָה(차아) 260
122. 짜부, 찌부러지다 - צָב(차브) 262
123. 짠 - זָן(잔) 264

124. 쭈그리다 - צוק(추크) 266
125. 찌다 - צָיָה(치야) 268
126. 찌르다 - צָרְדָה(체레다) 270
127. 찌르다 - צָרְעָה(치르아) 272
128. 차다 - צָרָה(차다) 274
129. 차려(강조: 차렷) - צָרַח(차라흐) 276
130. 차마 - צָמְא(차마) 278
131. 찰랑(거리다), 찰랑찰랑 - צָלַל(찰랄) 280
132. 참, 참다 - צוֹם(촘) 282
133. 체다, 체하다 - צִידָה(체다) 284
134. 치다 - צַן(친) 286
135. 키 - קִיר(키르) 288
136. 타래 - תַרְאֵלָה(타르알라) 290
137. 퍼지다, 펴다 - פָּשָׂה(파사) 292
138. 푸근하다 - פוּג(푸그) 294
139. 푼수 - פוּן(푼) 296
140. 풀다 - פּוּר(푸르) 298
141. 폄 - פֻּם(폼) 300
142. 피다, 펴다 - פָּרַח(파라흐) 302
143. 하긴, 하기는 - הָגִין(하긴) 304
144. 허파 - הוּא(하바) 306
145. 호리호리하다 - חֹרִי(호리) 308
146. 홀랑 - חֹל(홀) 310
147. 희다 - חִין(힌) 312
148. 흰소리 - חִידָה(히다) 314

149. 디, 데 - דִּי(디)　　　　　　　　　　　　*316*

150. 리(이) - יָאֲרִי((야에)리)　　　　　　　　　*318*

151. 바(所), 와 - וָו(바브)　　　　　　　　　　*320*

152. 아대(국어사전 미기재) - עֲדִי(아디)　　　　*322*

153. 아라리, 아라(국어사전 미기재) - עֲרָה(아라)　*324*

154. 아롬하게(국어사전 미기재) - עָרֹם(아롬)　　*326*

155. 얄라(국어사전 미기재) - יָלַל(얄랄)　　　　*328*

156. 오호라 - אָהֳלָה(오홀라)　　　　　　　　　*330*

157. 으라차차 - עֶרֶץ(아라츠)　　　　　　　　　*332*

158. 저 - זֶה(제)　　　　　　　　　　　　　　*334*

159. 촌, 손 - צֹאן(촌)　　　　　　　　　　　　*336*

160. 탕 - טַעַן(타안)　　　　　　　　　　　　　*338*

161. 후달리다(국어사전 미기재) - חָדַל(하달)　　*340*

162. 폐하(陛下) - פֶּחָה(페하)　　　　　　　　　*342*

참고: 스트롱코드 단어 순서　　　　　　　　　*344*

하늘이 하나님의 영광을 선포하고
궁창이 그의 손으로 하신 일을 나타내는도다

날은 날에게 말하고
밤은 밤에게 지식을 전하니

언어도 없고
말씀도 없으며
들리는 소리도 없으나

그의 소리가 온 땅에 통하고
그의 말씀이 세상 끝까지 이르도다
하나님이 해를 위하여 하늘에 장막을 베푸셨도다

(시편 19:1-4)

001

아비의
의미를 고대 히브리어에서 유추해 볼까요?

❶ **고대 히브리어 사전**에 기록된 일반적 의미

  아브: 아버지, 우두머리, 장

❷ **국어사전**에 기록된 가까운 의미

  아비: [1.] '아버지'를 낮추어 이르는 말.

❸ **성경에 쓰인 용례**

  부(창 2:24), 조상(창 4:20), 아비(잠 17:6)

  이러므로 남자가 부모를 떠나 그의 아내와 합하여 둘이 한 몸을 이룰지로다
  (창 2:24)

아비

 [아브]

❹ 묵상 및 해석

고대 히브리어 성경에서 '아브'라는 말은 한국말(우리말)과 히브리어(또는 아람어)를 비교하는 첫 단추가 되는 말일 것입니다. '아버지'라는 말은 고대 히브리어 글자 속에 '아브', '아비'와 같은 말로 숨겨져 있습니다. 가장 먼저 떠오르는 말은 '아브라함'입니다. 믿음의 조상 '아브라함'은 '열국의 아비'라는 뜻입니다. 히브리어 '아브', '아비'는 우리말 '아비'를 유추하게 합니다. 우리말 '아비'는 '아버지'를 낮추어 이르는 말입니다.

❺ 참고: 한글로 기록된 시대와 문헌

우리말 '아비'는 '아비'의 형태로 15세기 『석보상절』에 기록되었다고 합니다.

002

에미(어미)의
의미를 고대 히브리어에서 유추해 볼까요?

❶ **고대 히브리어 사전**에 기록된 일반적 의미

엠: 어머니

❷ **국어사전**에 기록된 가까운 의미

에미(어미): [1.2.] '어머니'를 낮추어 이르는 말.

❸ **성경에 쓰인 용례**

어머니(창 3:20, 창 2:24)

아담이 그의 아내의 이름을 하와라 불렀으니 그는 모든 산 자의 어머니가 됨 이더라(창 3:20)

에미(어미)

 [엠]

❹ 묵상 및 해석

고대 히브리어 '엠'이라는 말은 우리말 '에미', '어미', '이모', '어머니'의 의미를 가지고 있습니다. 창세기 2:24의 '부모를 떠나' 이 부분에서 부의 원어는 '아브', 모의 원어는 '엠'입니다. 창세기 3:20의 '어머니'는 히브리어로 '엠'입니다. 히브리어 '엠'은 우리말 '어미'를 유추하게 합니다. 우리말 '어미'는 '어머니'를 낮추어 이르는 말입니다.

❺ 참고: 한글로 기록된 시대와 문헌

우리말 '어미'는 '어미' 형태로 15세기 『석보상절』에 기록되었다고 합니다.

003

있다의
의미를 고대 히브리어에서 유추해 볼까요?

❶ **고대 히브리어 사전**에 기록된 일반적 의미

이타이: 있다, ~이다, ~하다

❷ **국어사전**에 기록된 가까운 의미

있다: [1.1.] 존재하다.

❸ **성경에 쓰인 용례**

있다(단 5:11), 이다(단 2:11)

왕의 나라에 거룩한 신들의 영이 있는 사람이 있으니 곧 왕의 부친 때에 있던 자로서 명철과 총명과 지혜가 신들의 지혜와 같은 자니이다 왕의 부친 느부갓네살 왕이 그를 세워 박수와 술객과 갈대아 술사와 점쟁이의 어른을 삼으셨으니(단 5:11)

있다
אִיתַי [이타이]

❹ 묵상 및 해석

고대 히브리어 '이타이'는 '있다', '~이다', '~하다' 등의 의미를 가지고 있습니다. 다니엘 5:11에는 '있으니'로 표기되어 있습니다. 다니엘 2:11에는 (없나) '이다'로 표기되어 있습니다. 히브리어 '이타이'는 우리말 '있다', '이다'를 유추하게 합니다. 우리말 '있다'는 '존재하다'라는 의미입니다. '이다'는 우리말에서 조사로 다양하게 사용됩니다.

❺ 참고: 한글로 기록된 시대와 문헌

우리말 '있다'는 옛말인 '잇다'의 형태로 15세기 『용비어천가』에 기록되었다고 합니다.

004

하다의
의미를 고대 히브리어에서 유추해 볼까요?

❶ **고대 히브리어 사전**에 기록된 일반적 의미

하다: (손을) 뻗치다, 지시하다, (손을) 넣다

❷ **국어사전**에 기록된 가까운 의미

하다: [1.1.] (어떤 동작이나 행위를) 행하다.

❸ **성경에 쓰인 용례**

손을 넣다(사 11:8)

젖 먹는 아이가 독사의 구멍에서 장난하며 젖 뗀 어린아이가 독사의 굴에 손을 넣을 것이라(사 11:8)

하다

הגה [하다]

❹ 묵상 및 해석

고대 히브리어 '하다'는 (손을) '뻗치다', '지시하다', (손을) '넣다' 등과 같은 의미를 가지고 있습니다. 이사야 11:8에는 '손을 넣을'이라고 표기되어 있습니다. 히브리어 '하다'는 우리말 '하다'를 유추하게 합니다. 우리말 '하다'는 '(어떤 동작이나 행위를) 행하다'라는 의미입니다. 이 말도 말과 뜻이 동일합니다. 우리말 '하다'의 의미 속에는 손으로 행하는 어떤 행동들이 있다고 여겨집니다.

❺ 참고: 한글로 기록된 시대와 문헌

우리말 '하다'는 옛말 'ᄒᆞ다'의 형태로 15세기 『석보상절』에 기록되었다고 합니다.

005

갈다, (밭)갈이의
의미를 고대 히브리어에서 유추해 볼까요?

❶ 고대 히브리어 사전에 기록된 일반적 의미

익카르: '파다'의 의미, 땅을 파는 사람, 농부, 밭 가는 자

❷ 국어사전에 기록된 가까운 의미

갈다, (밭)갈이: [1.1.] (소나 기계로) 논이나 밭을 가는 일.

❸ 성경에 쓰인 용례

밭 가는 자(렘 14:4)

땅에 비가 없어 지면이 갈라지니 밭 가는 자가 부끄러워서 그의 머리를 가리는도다(렘 14:4)

갈다, (밭)갈이

אִכָּר [익카르]

❹ 묵상 및 해석

고대 히브리어 '익카르'는 '땅을 파는 사람', '농부', '밭 가는 자'의 의미입니다. 예레미야 14:4에는 '밭 가는 자'로 표기되어 있습니다. 히브리어 '익카르'는 우리말 '갈다', '갈이'를 유추하게 합니다. 우리말 '갈다'는 '(소나 기계로) 논이나 밭을 가는 일'을 의미합니다.

❺ 참고: 한글로 기록된 시대와 문헌

우리말 '갈다'는 '갈다'의 형태로 15세기 『월인석보』에 기록되었다고 합니다.

006

갈다, (털)갈이의
의미를 고대 히브리어에서 유추해 볼까요?

❶ **고대 히브리어 사전**에 기록된 일반적 의미

카라흐: 대머리로 만들다, 털을 뽑다

❷ **국어사전**에 기록된 가까운 의미

갈다, (털)갈이: [1.1.] (무엇을 치우고 그 자리에 그 대신) 다른 것을 넣다.

❸ **성경에 쓰인 용례**

머리털을 밀다(겔 27:31)

그들이 다 너를 위하여 머리털을 밀고 굵은 베로 띠를 띠고 마음이 아프게 슬피 통곡하리로다(겔 27:31)

갈다, (털)갈이

קָרַח [카라흐]

❹ **묵상 및 해석**

고대 히브리어 '카라흐'는 '대머리로 만들다', '털을 뽑다'의 의미를 가지고 있습니다. 에스겔 27:31에는 '머리털을 밀고'로 표기되어 있습니다. 히브리어 '카라흐'는 우리말 (털을) '갈다', (털)'갈이'를 유추하게 합니다. 우리말 '갈다'는 '(무엇을 치우고 그 자리에 그 대신) 다른 것을 넣다'라는 의미입니다. 동물들은 털갈이를 하면서 계절을 대비합니다.

❺ **참고**: 한글로 기록된 시대와 문헌

우리말 '갈다'는 옛말인 '굴다'의 형태로 15세기 『석보상절』에 기록되었다고 합니다.

007

가멸다의
의미를 고대 히브리어에서 유추해 볼까요?

❶ **고대 히브리어 사전**에 기록된 일반적 의미

게물: 보상, 행동, 보답, 보응

❷ **국어사전**에 기록된 가까운 의미

가멸다: 1. 재산이나 자원 따위가 넉넉하고 많다. - 표준국어대사전

❸ **성경에 쓰인 용례**

받은 은혜(대하 32:25), 보응(사 59:18)

히스기야가 마음이 교만하여 그 받은 은혜를 보답하지 아니하므로 진노가 그와 유다와 예루살렘에 내리게 되었더니(대하 32:25)

가멸다
גמול [게물]

❹ 묵상 및 해석

고대 히브리어 '게물'은 보상이나 보답을 의미합니다. 역대하 32:25에는 '은혜'로 표기되었습니다. 히브리어 '게물'은 우리말 '가멸다'를 유추하게 합니다. 우리말 '가멸다'의 의미는 '재산이나 자원 따위가 넉넉하고 많다'입니다. 우리말 '가멸다'는 부자(富: 가멸부), 부요하다 등 한자말의 의미로 사용됩니다.

❺ 참고: 한글로 기록된 시대와 문헌

우리말 '가멸다'는 옛말인 '가ᅀᅳ멸다' 형태로 15세기 『석보상절』에 기록되었다고 합니다.

008

거두다의
의미를 고대 히브리어에서 유추해 볼까요?

❶ **고대 히브리어 사전**에 기록된 일반적 의미

게두다: 베기, 자름

❷ **국어사전**에 기록된 가까운 의미

거두다: [1.] (익은 곡식이나 열매를) 모아들이다.

❸ **성경에 쓰인 용례**

칼자국(렘 48:37)

모든 사람이 대머리가 되었고 모든 사람이 수염을 밀었으며 손에 칼자국이 있고 허리에 굵은 베가 둘렸고(렘 48:37)

거두다

גָּדוּד [게두다]

❹ 묵상 및 해석

고대 히브리어 '게두다'는 예레미야 48:37에서 '칼자국'으로 표기되었습니다. 원래의 뜻은 칼로 자르거나 베는 것을 의미합니다. 가을에 곡식을 거두게 될 때에 연장인 낫이나 칼로 곡식단의 아랫부분을 잘라 수확하게 됩니다. 히브리어 '게두다'는 우리말 '거두다'를 유추하게 합니다. 우리말 '거두다'는 '(익은 곡식이나 열매를) 모아들이다'의 의미입니다.

❺ 참고: 한글로 기록된 시대와 문헌

우리말 '거두다'는 '거두다'의 형태로 15세기 『월인석보』에 기록되었다고 합니다.

009

거들먹거리다의
의미를 고대 히브리어에서 유추해 볼까요?

❶ **고대 히브리어 사전**에 기록된 일반적 의미

가돌: 큰, 교만한, 많은

❷ **국어사전**에 기록된 가까운 의미

거들먹거리다: 잘난 체하며 함부로 행동하다. 건방지게 굴다.

❸ **성경에 쓰인 용례**

큰(창 1:16), 자랑하는(시 12:3)

하나님이 두 큰 광명체를 만드사 큰 광명체로 낮을 주관하게 하시고 작은 광명체로 밤을 주관하게 하시며 또 별들을 만드시고(창 1:16)

거들먹거리다
גָּדוֹל [가돌]

❹ 묵상 및 해석

고대 히브리어 '가돌'은 '큰', '교만한', '많은' 등의 의미를 가지고 있습니다. 창세기 1:16에는 '큰'으로 표기되어 있습니다. 히브리어 '가돌'은 우리말 '거들거리다', '거드럭거리다'를 유추하게 합니다. 우리말 '거들먹거리다'는 '잘난 체하며 함부로 행동하다, 건방지게 굴다'라는 의미입니다.

❺ 참고: 한글로 기록된 시대와 문헌

우리말 '거들먹거리다'는 한글로 기록된 최초 문헌이 국어사전에 표기되어 있지 않습니다.

010

구렁의
의미를 고대 히브리어에서 유추해 볼까요?

❶ 고대 히브리어 사전에 기록된 일반적 의미

쿠르: 파다, 물을 나오게 하다

❷ 국어사전에 기록된 가까운 의미

구렁: [1.] 땅이 움푹하게 팬 곳.

❸ 성경에 쓰인 용례

파다(왕하 19:24)

내가 땅을 파서 이방의 물을 마셨고 나의 발바닥으로 애굽의 모든 강들을 말렸노라 하였도다(왕하 19:24)

구렁

רוּק [쿠르]

❹ 묵상 및 해석

고대 히브리어 '쿠르'라는 말은 '파다', '물을 나오게 하다'라는 의미가 있습니다. 열왕기하 19:24에 (땅을) '파서'로 표기되어 있습니다. 히브리어 '쿠르'는 우리말의 '구렁', '고랑', '굴' 등의 단어를 유추하게 합니다. 우리말 '구렁'은 '땅이 움푹하게 팬 곳'을 의미합니다. 구렁은 고랑의 방언입니다. '수렁'은 고랑의 흙에 물이 질게 섞여 있는 웅덩이입니다. 밭의 고랑은 이랑에 심긴 작물이 잘 자라도록 하기 위해 물 빠짐이 좋도록 길게 파 놓은 부분입니다.

❺ 참고: 한글로 기록된 시대와 문헌

우리말 '구렁'은 옛말인 '굴헝'의 형태로 15세기 『분류두공부시언해(초간본)』에 기록되었다고 합니다.

011

꽃의
의미를 고대 히브리어에서 유추해 볼까요?

❶ **고대 히브리어 사전**에 기록된 일반적 의미

코츠: 찌르다, 가시

❷ **국어사전**에 기록된 가까운 의미

꽃: [1.㉡.] 꽃과 그것이 달려 있는 줄기.

❸ **성경에 쓰인 용례**

가시(렘 12:13)

무리가 밀을 심어도 가시를 거두며 수고하여도 소득이 없은즉 그 소산으로 말미암아 스스로 수치를 당하리니 이는 여호와의 분노로 말미암음이니라(렘 12:13)

꽃

קוֹץ [코츠]

❹ 묵상 및 해석

고대 히브리어 '코츠'라는 말은 '가시', '찌르다' 등의 의미입니다. 예레미야 12:31에 '가시'라고 표기되어 있습니다. 히브리어 '코츠'는 우리말 '꽃', '꽃이'와 같은 말을 유추하게 합니다. 우리말 '꽃'은 '꽃과 그것이 달려 있는 줄기'의 의미입니다. 장미와 같이 아름다운 꽃에는 찌르는 가시가 있습니다. 가시 있는 아름다운 화초가 꽃이라는 말로 변형된 것이 아닐까요.

❺ 참고: 한글로 기록된 시대와 문헌

우리말 '꽃'은 옛말인 '곶'의 형태로 15세기 『석보상절』에 기록되었다고 합니다.

012

나의
의미를 고대 히브리어에서 유추해 볼까요?

❶ **고대 히브리어 사전**에 기록된 일반적 의미

　아나: 나는

❷ **국어사전**에 기록된 가까운 의미

　나: [3.2.] 행위나 생각의 주체. 자기.

❸ **성경에 쓰인 용례**

　나(단 2:8)

　왕이 대답하여 이르되 내가 분명히 아노라 너희가 나의 명령이 내렸음을 보았으므로 시간을 지연하려 함이로다(단 2:8)

나
אֲנָא [아나]

❹ 묵상 및 해석

고대 아람어 '아나'는 '나는', '나'의 의미를 가지고 있습니다. 다니엘 2:8에는 '내가'로 표기되어 있습니다. 고대 아람어 '아나'는 우리말 '나'를 유추하게 합니다. 우리말 '나'는 '행위나 생각의 주체, 자기'의 의미입니다.

❺ 참고: 한글로 기록된 시대와 문헌

우리말 '나'는 '나'의 형태로 15세기 『석보상절』에 기록되었다고 합니다.

013

나가다의
의미를 고대 히브리어에서 유추해 볼까요?

❶ **고대 히브리어 사전**에 기록된 일반적 의미

나가: 만지다, 손을 대다, 여자와 함께 눕다, 다다르다, 도달하다, 획득하다

❷ **국어사전**에 기록된 가까운 의미

나가다: [1.㉠.] 안에서 밖으로 가다.

❸ **성경에 쓰인 용례**

닿다(레 5:3)

만일 부지중에 어떤 사람의 부정에 닿았는데 그 사람의 부정이 어떠한 부정이든지 그것을 깨달았을 때에는 허물이 있을 것이요(레 5:3)

나가다

נָגַע [나가]

❹ **묵상 및 해석**

고대 히브리어 '나가'라는 말은 레위기 5:3에 '닿았는데'로 표기되어 있습니다. 히브리어 '나가'라는 말은 많은 의미를 가진 단어입니다. 대략 한 지점에서 다른 한 지점으로 옮기는 행위를 의미합니다. 히브리어 '나가'는 우리말 '나가다'를 유추하게 합니다. 우리말 '나가다'는 '안에서 밖으로 가다'라는 의미입니다.

❺ **참고**: 한글로 기록된 시대와 문헌

우리말 '나가다'는 '나가다'의 형태로 15세기 『석보상절』에 기록되었다고 합니다.

014

나다의
의미를 고대 히브리어에서 유추해 볼까요?

❶ **고대 히브리어 사전**에 기록된 일반적 의미

나다: 던져 올리다, 제외하다, 추방하다, 연기하다, 금지하다, 쫓아내다, 멀리 격리하다

❷ **국어사전**에 기록된 가까운 의미

나다: [4.ⓒ.] (몸 밖으로 무엇이) 솟거나 생기다.

❸ **성경에 쓰인 용례**

쫓아내다(사 66:5)

여호와의 말씀으로 말미암아 떠는 자들아 그의 말씀을 들을지어다 이르시되 너희 형제가 너희를 미워하며 내 이름으로 말미암아 너희를 쫓아내며 이르기를 여호와께서는 영광을 나타내사 너희 기쁨을 우리에게 보이시기를 원하노라 하였으나 그들은 수치를 당하리라 하셨느니라(사 66:5)

나다

נָדָה [나다]

❹ 묵상 및 해석

고대 히브리어 '나다'라는 말은 이사야 66:5에 '쫓아내며'로 표기되어 있습니다. 이 단어 역시 많은 의미를 가지고 있는 단어입니다. 히브리어 '나다'에는 '쫓아내다', '던져올리다', '추방하다' 같은 여러 의미들이 있습니다. 히브리어 '나다'는 우리말 '나다'를 유추하게 합니다. 우리말 '나다'는 '(몸 밖으로 무엇이) 솟거나 생기다'라는 의미입니다. 몸에 뾰루지와 같은 것이 나거나, 새싹이 땅에서 솟아오를 때도 '나다'라고 말합니다.

❺ 참고: 한글로 기록된 시대와 문헌

우리말 '나다'는 '나다'의 형태로 15세기『용비어천가』에 기록되었다고 합니다.

015

나르다의
의미를 고대 히브리어에서 유추해 볼까요?

❶ **고대 히브리어 사전**에 기록된 일반적 의미

날라: 완성하다, 끝내다

❷ **국어사전**에 기록된 가까운 의미

나르다: [1.] (짐이나 사람을) 다른 데로 옮기다. 운반하다.

❸ **성경에 쓰인 용례**

그치다(사 33:1)

너 학대를 당하지 아니하고도 학대하며 속이고도 속임을 당하지 아니하는 자여 화 있을진저 네가 학대하기를 그치면 네가 학대를 당할 것이며 네가 속이기를 그치면 사람이 너를 속이리라(사 33:1)

나르다

נָלָה [날라]

❹ 묵상 및 해석

고대 히브리어 '날라'는 이사야 33:1에 '그치면'으로 표기되어 있습니다. 원래의 뜻은 '완성하다', '끝내다'라는 의미를 가지고 있는데, 어떤 일을 끝냈을 때 행동을 그치게 되므로 '그치다'로 표기된 것 같습니다. 히브리어 '날라'는 우리말 '날라', '나르다'를 유추하게 합니다. 우리말 '날라'는 '나르다'의 활용형입니다. 우리말 '나르다'는 '(짐이나 사람을) 다른 데로 옮기다, 운반하다'라는 의미입니다.

❺ 참고: 한글로 기록된 시대와 문헌

우리말 '나르다'는 '나ᄅ다'의 형태로 16세기 『계축일기』에 기록되었다고 합니다.

016

나비의
의미를 고대 히브리어에서 유추해 볼까요?

❶ 고대 히브리어 사전에 기록된 일반적 의미

나흐비: 신비로운, 나비(인명)

❷ 국어사전에 기록된 가까운 의미

나비: [1.] 가는 몸통에 갖가지 무늬의 넓적한 두 쌍의 날개를 가지고 있으며, 앉아 있을 때는 날개를 접어서 등 뒤로 곧추세우며 낮에 활동하는 곤충.

❸ 성경에 쓰인 용례

나비(민 13:14)

납달리 지파에서는 윕시의 아들 나비요(민 13:14)

나비

נַחְבִּי [나흐비]

❹ **묵상 및 해석**

고대 히브리어 '나흐비'는 한눈에 보아도 우리말 '나비'가 연상되는 단어입니다. '나흐비'의 원래 뜻은 '신비로운'이라고 합니다. 성경에는 민 13:14에 '나비'라는 인명으로 기록되어 있습니다. 히브리어 '나비흐'는 우리말 '나비'를 유추하게 합니다. 우리말 '나비'는 '…앉아 있을 때는 날개를 접어서 등 뒤로 곧추세우며 낮에 활동하는 곤충'입니다.

❺ **참고:** 한글로 기록된 시대와 문헌

우리말 '나비'는 옛말인 '나비'의 형태로 15세기 『석보상절』에 기록되었다고 합니다.

017

나서다의
의미를 고대 히브리어에서 유추해 볼까요?

❶ 고대 히브리어 사전에 기록된 일반적 의미

나싸: 잡아 뽑다, 장막 말뚝을 뽑는 것, 출발하다, 가져오다, 얻다, 도달하다, 나아가다, 앞으로 가다, 여행하다, 제거하다

❷ 국어사전에 기록된 가까운 의미

나서다: [2.1.] (일정한 장소를) 벗어나거나 떠나다.

❸ 성경에 쓰인 용례

들어가다(민 14:25), 빼내다(삿 16:14)

아말렉인과 가나안인이 골짜기에 거주하나니 너희는 내일 돌이켜 홍해 길을 따라 광야로 들어갈지니라(민 14:25)

나서다

נָסַע [나싸]

❹ **묵상 및 해석**

고대 히브리어 '나싸'는 '잡아 뽑다', '출발하다', '가져오다'와 같은 의미를 가지고 있습니다. 원래는 장막의 말뚝을 뽑는다는 의미입니다. 민수기 14:25에는 '들어갈지니라'로 표현되어 있습니다. 히브리어 '나싸'는 우리말 '나서다'를 유추하게 합니다. 우리말 '나서다'는 '(일정한 장소를) 벗어나거나 떠나다'라는 의미입니다.

❺ **참고: 한글로 기록된 시대와 문헌**

우리말 '나서다'는 한글로 기록된 최초 문헌이 국어사전에 표기되어 있지 않습니다.

018

낚(시)의
의미를 고대 히브리어에서 유추해 볼까요?

❶ 고대 히브리어 사전에 기록된 일반적 의미

　아나크: 다림줄, 납

❷ 국어사전에 기록된 가까운 의미

　낚(시): [1.] 물고기를 낚는 데 쓰이는, 바늘처럼 끝이 뾰족한 작은 갈고랑이.

❸ 성경에 쓰인 용례

　다림줄(암 7:7)

　또 내게 보이신 것이 이러하니라 다림줄을 가지고 쌓은 담 곁에 주께서 손에 다림줄을 잡고 서셨더니(암 7:7)

낚(시)

אֲנָךְ [아나크]

❹ **묵상 및 해석**

고대 히브리어 '아나크'는 '다림줄', '납' 등의 의미를 가지고 있습니다. 아모스 7:7에는 '다림줄'로 표기되어 있습니다. '다림줄'은 수직을 살펴보기 위해 추를 달아 늘어뜨리는 줄입니다. 히브리어 '아나크'는 우리말 '낚다', '낚시'를 유추하게 합니다. 우리말 '낚시'는 '물고기를 낚는 데 쓰이는, 바늘처럼 끝이 뾰족한 작은 갈고랑이'를 의미합니다.

❺ **참고: 한글로 기록된 시대와 문헌**

우리말 '낚시'는 옛말인 '낛'의 형태로 15세기 『훈민정음(해례본)』에 기록되었다고 합니다.

019

낫다의
의미를 고대 히브리어에서 유추해 볼까요?

❶ **고대 히브리어 사전**에 기록된 일반적 의미

나아: 편하다의 의미, 즐겁다, 적당하다, 아름다운, 예쁘다

❷ **국어사전**에 기록된 가까운 의미

낫다: [1.] (상처나 병 등의) 몸의 이상이 없어지다. 치료되다.

❸ **성경에 쓰인 용례**

합당하다(시 93:5)

여호와여 주의 증거들이 매우 확실하고 거룩함이 주의 집에 합당하니 여호와는 영원무궁하시리이다(시 93:5)

낫다

נָאָה [나아]

❹ 묵상 및 해석

고대 히브리어 '나아'의 원래의 의미는 편하다, 즐겁다, 적당하다, 아름다운 등입니다. 시편 93:5에는 '합당하니'로 표기되어 있습니다. 하나님의 성전에서는 거룩함이 적합하다는 의미입니다. 히브리어 '나아'는 우리말 '나아', '낫다'를 유추하게 합니다. 우리말 '낫다'는 '[1.] (상처나 병 등의) 몸의 이상이 없어지다, 치료되다', '[2.] (질, 정도, 수준 따위가) 비교의 대상보다 더 높거나 앞서다'라는 의미입니다. '나아지다', '낫다'와 같은 말은 병이 고쳐지거나, 모양이나 형편이 더 좋아졌을 때도 사용됩니다.

❺ 참고: 한글로 기록된 시대와 문헌

우리말 '낫다'는 '낫다'의 형태로 『언해납약증치방』(1600)에 기록되었다고 합니다.

020

낳다의
의미를 고대 히브리어에서 유추해 볼까요?

❶ 고대 히브리어 사전에 기록된 일반적 의미

나타: 놓다, 뻗다, 펼치다, 구부리다, 옆으로 가져가다, 넘겨주다, 내려가다, 펼쳐진, 연장하다

❷ 국어사전에 기록된 가까운 의미

낳다: [2.] (어떤 결과나 상황을) 생기게 하다. 내다.

❸ 성경에 쓰인 용례

펴다(잠 1:24), 굽다(신 16:19)

내가 불렀으나 너희가 듣기 싫어하였고 내가 손을 폈으나 돌아보는 자가 없었고(잠 1:24)

낳다

נָטָה [나타]

❹ **묵상 및 해석**

고대 히브리어 '나타'의 원래 의미는 여러 가지입니다. 놓다, 뻗다, 펼치다, 가져가다, 넘겨주다 등입니다. 잠언 1:24에는 '펴다'라고 표기되어 있습니다. '지혜'가 손을 펴서 도와주려고 했지만 사람들이 '지혜'를 돌아보지 않았다는 말씀입니다. 히브리어 '나타'는 우리말 '낳다'를 유추하게 합니다. 우리말 '낳다'는 '(어떤 결과나 상황을) 생기게 하다, 내다', '어떤 원인이 어떤 결과를 낳는다'라는 의미이며, 아기를 낳거나, 결과를 낳거나, 어떤 환경이 어떤 인물을 낳을 수도 있습니다.

❺ **참고**: 한글로 기록된 시대와 문헌

우리말 '낳다'는 '낳다'의 형태로 15세기 『석보상절』에 기록되었다고 합니다.

021

높다의
의미를 고대 히브리어에서 유추해 볼까요?

❶ **고대 히브리어 사전**에 기록된 일반적 의미

노프: 높이, 고지

❷ **국어사전**에 기록된 가까운 의미

높다: [1.] 아래에서 위까지의 길이가 길다.

❸ **성경에 쓰인 용례**

터가 높고(시 48:2)

터가 높고 아름다워 온 세계가 즐거워함이여 큰 왕의 성 곧 북방에 있는 시온 산이 그러하도다(시 48:2)

높다

נוֹף [노프]

❹ **묵상 및 해석**

고대 히브리어 '노프'의 의미는 '높이', '고지'입니다. 시편 48:2에 '터가 높고'로 표기되어 있습니다. '노프' 자체가 높은 터, 즉 '고지'라는 뜻도 있습니다. 히브리어 '노프'는 우리말 '높다'를 유추하게 합니다. 우리말 '높다'는 '아래에서 위까지의 길이가 길다'라는 의미입니다.

❺ **참고**: 한글로 기록된 시대와 문헌

우리말 '높다'는 '높다'의 형태로 15세기 『용비어천가』에 기록되었다고 합니다.

022

놓다의
의미를 고대 히브리어에서 유추해 볼까요?

❶ 고대 히브리어 사전에 기록된 일반적 의미

나타: 세워두다, 땅에 고정하다

❷ 국어사전에 기록된 가까운 의미

놓다: [1.1.] 일정한 자리에 있게 두다.

❸ 성경에 쓰인 용례

심다(레 19:23), 세우다(신 16:21)

너희가 그 땅에 들어가 각종 과목을 심거든 그 열매는 아직 할례 받지 못한 것으로 여기되 곧 삼 년 동안 너희는 그것을 할례 받지 못한 것으로 여겨 먹지 말 것이요(레 19:23)

놓다

נָטַע [나타]

❹ **묵상 및 해석**

고대 히브리어 '나타'는 앞에 기록된 '나타'와 같은 발음이지만, 가운데 모음이 좀 짧게 발음됩니다. '나타'의 의미는 '심다', '땅에 고정하다' 등입니다. 레위기 19:23에는 '심거든'으로 표기되어 있습니다. 히브리어 '나타'는 우리말 '놓다'를 유추하게 합니다. 우리말 '놓다'는 '일정한 자리에 있게 두다'라는 의미입니다. 무엇인가를 설치하거나 고정한다는 뜻입니다.

❺ **참고**: 한글로 기록된 시대와 문헌

우리말 '놓다'는 '놓다'의 형태로 15세기 『용비어천가』에 기록되었다고 합니다.

023

눈의
의미를 고대 히브리어에서 유추해 볼까요?

❶ 고대 히브리어 사전에 기록된 일반적 의미

눈: 싹트다, 싹내다, 장구하다, 눈(인명)

❷ 국어사전에 기록된 가까운 의미

눈: [3.] 자라서 꽃이나 줄기나 잎이 될 식물의 싹, 또는 그 싹이 돋을 자리.

❸ 성경에 쓰인 용례

눈(출 33:11)

사람이 자기의 친구와 이야기함같이 여호와께서는 모세와 대면하여 말씀하시며 모세는 진으로 돌아오나 눈의 아들 젊은 수종자 여호수아는 회막을 떠나지 아니하니라(출 33:11)

눈

נון [눈]

❹ **묵상 및 해석**

고대 히브리어 '눈'은 '싹트다', '후손' 등의 의미를 가지고 있습니다. 출애굽기 33:11에는 '눈'이라는 인명으로 나옵니다. 여호수아의 아버지입니다. 히브리어 '눈'은 우리말 '눈'을 유추하게 합니다. 우리말 '눈'은 '자라서 꽃이나 줄기나 잎이 될 식물의 싹, 또는 그 싹이 돋을 자리'입니다. '꽃눈', '잎눈'과 같은 싹을 의미합니다.

❺ **참고**: 한글로 기록된 시대와 문헌

우리말로서 인체의 눈을 의미하는 '눈'은 『석보상절』에 기록되었지만, '꽃눈'이나 '잎눈'과 같은 의미의 눈은 그 최초 기록 문헌이 국어사전에 표기되어 있지 않습니다.

024

눋다의
의미를 고대 히브리어에서 유추해 볼까요?

❶ **고대 히브리어 사전**에 기록된 일반적 의미

누르: 빛나다, 불, 타다

❷ **국어사전**에 기록된 가까운 의미

눋다: [2.] (지나치게 뜨거워서) 누른빛이 나다.

❸ **성경에 쓰인 용례**

불(단 3:24)

그때에 느부갓네살 왕이 놀라 급히 일어나서 모사들에게 물어 이르되 우리가 결박하여 불 가운데에 던진 자는 세 사람이 아니었느냐 하니 그들이 왕에게 대답하여 이르되 왕이여 옳소이다 하더라(단 3:24)

눋다

נּור [누르]

❹ 묵상 및 해석

고대 히브리어 '누르'는 '빛나다', '불', '타다'와 같은 의미를 가지고 있습니다. 다니엘 3:24에는 '불'로 기록되어 있습니다. 히브리어 '누르'는 우리말 '눋다'를 유추하게 합니다. 우리말 '눋다'는 '(지나치게 뜨거워서) 누른빛이 나다'의 뜻입니다. 밥솥이나 프라이팬을 사용하다가 불 조절을 잘못하여 음식물이 조금 타서 철판에 붙는 모습이기도 합니다.

❺ 참고: 한글로 기록된 시대와 문헌

우리말 '눋다'는 15세기 『구급방언해』에 '눋게'로 쓰였다고 합니다.

025

눕다의
의미를 고대 히브리어에서 유추해 볼까요?

❶ 고대 히브리어 사전에 기록된 일반적 의미

누아흐: 쉬다, 정착하다, 머물다, 두다, 위안하다, 그만두다, 놓다

❷ 국어사전에 기록된 가까운 의미

눕다: [1.] 몸을 바닥에 길게 놓다.

❸ 성경에 쓰인 용례

쉬다(출 20:11)

이는 엿새 동안에 나 여호와가 하늘과 땅과 바다와 그 가운데 모든 것을 만들고 일곱째 날에 쉬었음이라 그러므로 나 여호와가 안식일을 복되게 하여 그 날을 거룩하게 하였느니라(출 20:11)

눕다

נוּחַ [누아흐]

❹ 묵상 및 해석

고대 히브리어 '누아흐'는 '쉬다', '위안하다', '그만두다'와 같은 여러 의미를 가지고 있습니다. 출애굽기 20:11에는 '쉬었음'으로 표기되었습니다. 히브리어 '누아흐'는 우리말 '눕다'나 '누워'와 같은 말들을 유추하게 합니다. 우리말 '눕다'는 '몸을 바닥에 길게 놓다'라는 뜻입니다. 사람이 자거나, 쉬거나, 병들거나 자리에서 일어나지 못하는 모습을 의미합니다.

❺ 참고: 한글로 기록된 시대와 문헌

우리말 '눕고'는 '눕고'의 형태로 15세기 『삼강행실도』에 기록되었다고 합니다.

눕다 69

026

다구리의
의미를 고대 히브리어에서 유추해 볼까요?

❶ 고대 히브리어 사전에 기록된 일반적 의미

다카르: 찌르다, 꿰뚫다, 헤치고 들어가다

❷ 국어사전에 기록된 가까운 의미

다구리: 2. (부랑배의 은어로) '몰매'를 이르는 말. - 표준국어대사전

❸ 성경에 쓰인 용례

찌르다(삼상 31:4)

그가 무기를 든 자에게 이르되 네 칼을 빼어 그것으로 나를 찌르라 할례 받지 않은 자들이 와서 나를 찌르고 모욕할까 두려워하노라 하나 무기를 든 자가 심히 두려워하여 감히 행하지 아니하는지라 이에 사울이 자기의 칼을 뽑아서 그 위에 엎드러지매(삼상 31:4)

다구리

דקר [다카르]

❹ 묵상 및 해석

고대 히브리어 '다카르'는 '찌르다', '꿰뚫다'와 같은 의미를 가지고 있습니다. 사무엘상 31:4에는 '찌르라'로 표기되어 있습니다. 히브리어 '다카르'는 우리말 '다구리'를 유추하게 합니다. 우리말 '다구리'는 (부랑배의 은어로) '몰매'를 이르는 말(표준국어대사전)입니다.

❺ 참고: 한글로 기록된 시대와 문헌

우리말 '다구리'는 속어로 쓰이며 한글로 기록된 최초 문헌이 국어사전에 표기되어 있지 않습니다.

027

다리의
의미를 고대 히브리어에서 유추해 볼까요?

❶ **고대 히브리어 사전**에 기록된 일반적 의미

달리야: 큰 가지, 가지

❷ **국어사전**에 기록된 가까운 의미

다리: [1.1.] 동물의 몸통 아래에 붙어서 몸을 받치며 서거나 뛰거나 걷는 일을 하는 부분.

❸ **성경에 쓰인 용례**

가지(겔 17:6)

그것이 자라며 퍼져서 높지 아니한 포도나무 곧 굵은 가지와 가는 가지가 난 포도나무가 되어 그 가지는 독수리를 향하였고 그 뿌리는 독수리 아래에 있었더라(겔 17:6)

다리

דָּלִיָּה [달리야]

❹ **묵상 및 해석**

고대 히브리어 '달리야'는 '큰 가지', '가지' 등의 의미를 가지고 있습니다. 에스겔 17:6에는 '가지'로 표기되어 있습니다. 히브리어 '달리야'는 우리말 '다리'를 유추하게 합니다. 우리말 '다리'는 '동물의 몸통 아래에 붙어서 몸을 받치며 서거나 뛰거나 걷는 일을 하는 부분'입니다. 강이나 바다에 놓인 '다리'도 몸통을 받치어 버틴다는 의미입니다.

❺ **참고**: 한글로 기록된 시대와 문헌

우리말 '다리'는 '다리'의 형태로 15세기 『석보상절』에 기록되었다고 합니다.

028

단단하다의
의미를 고대 히브리어에서 유추해 볼까요?

❶ 고대 히브리어 사전에 기록된 일반적 의미

앗단: 확고한, 앗단(인명, 이스라엘인)

❷ 국어사전에 기록된 가까운 의미

단단하다: [1.] 무르지 않고 굳다.

❸ 성경에 쓰인 용례

앗단(스 2:59)

델멜라와 델하르사와 그룹과 앗단과 임멜에서 올라온 자가 있으나 그들의 조상의 가문과 선조가 이스라엘에 속하였는지 밝힐 수 없었더라(스 2:59)

단단하다

אַדָּן [앗단]

❹ **묵상 및 해석**

고대 히브리어 '앗단'은 '확고한'의 의미를 가지고 있습니다. 에스라 2:59에는 '앗단'이라는 인명이 나옵니다. 히브리어 '앗단'은 우리말 '단단하다', '단단한'을 유추하게 합니다. 우리말 '단단하다'는 '무르지 않고 굳다'라는 의미입니다. 단단한 물건은 모양이나 형태가 쉽게 부서지지 않는, 보다 확고한 것이겠지요.

❺ **참고: 한글로 기록된 시대와 문헌**

우리말 '단단하다'는 옛말인 '둔둔ᄒ다'의 형태로 17세기 『가례언해』에 기록되었다고 합니다.

029

달의
의미를 고대 히브리어에서 유추해 볼까요?

❶ **고대 히브리어 사전**에 기록된 일반적 의미

다르: 시대, 세대

❷ **국어사전**에 기록된 가까운 의미

달: [2.1.] 일 년을 열둘로 나누어 1에서 12까지 차례를 매긴 것의 하나.

❸ **성경에 쓰인 용례**

대대(단 4:3, 34)

참으로 크도다 그의 이적이여, 참으로 능하도다 그의 놀라운 일이여, 그의 나라는 영원한 나라요 그의 통치는 대대에 이르리로다(단 4:3)

달

דּר [다르]

❹ **묵상 및 해석**

고대 히브리어 '다르'는 '시대', '세대'와 같은 기간적 구분을 의미하는 말입니다. 다니엘 4:3에는 '대대'라는 말로 표기되어 있습니다. 세대가 계속 이어진다는 말입니다. 히브리어 '다르'는 우리말 '달'을 유추하게 합니다. 모두 어떤 기간을 나타내는 말입니다. 우리말 '달'은 '일 년을 열둘로 나누어 1에서 12까지 차례를 매긴 것의 하나'입니다.

❺ **참고**: 한글로 기록된 시대와 문헌

우리말 '달'은 '둘'의 형태로 15세기 『훈민정음(해례본)』에 기록되었다고 합니다.

030

달다의
의미를 고대 히브리어에서 유추해 볼까요?

❶ 고대 히브리어 사전에 기록된 일반적 의미

달라: 매달리다, 내려놓다, 끌어내다

❷ 국어사전에 기록된 가까운 의미

달다: [1.1.] (물건을) 일정한 곳에 걸거나 꽂거나 매어서 붙어 있게 하다.

❸ 성경에 쓰인 용례

길어 내다(잠 20:5)

사람의 마음에 있는 모략은 깊은 물 같으니라 그럴지라도 명철한 사람은 그것을 길어 내느니라(잠 20:5)

달다

דָּלָה [달라]

❹ 묵상 및 해석

고대 히브리어 '달라'는 '매달리다', '끌어내다'와 같은 의미를 가지고 있습니다. 잠언 20:5에는 '길어 내느니라'로 표기되어 있습니다. 히브리어 '달라'는 우리말 '달다'를 유추하게 합니다. 우리말 '달다'는 '(물건을) 일정한 곳에 걸거나 꽂거나 매어서 붙어 있게 하다'의 의미입니다. 우물같이 깊은 곳에 두레박과 같은 것을 내릴 때에도 '달아 매어' 내린다고 표기하기도 합니다.

❺ 참고: 한글로 기록된 시대와 문헌

우리말 '달다'는 옛말인 '둘다'의 형태로 15세기 『석보상절』에 기록되었다고 합니다.

031

달다의
의미를 고대 히브리어에서 유추해 볼까요?

❶ **고대 히브리어 사전**에 기록된 일반적 의미

달라: 매달려 있는 것, 가느다란 실, 머리털, 가난한 사람

❷ **국어사전**에 기록된 가까운 의미

달다: [1.1.] (물건을) 일정한 곳에 걸거나 꽂거나 매어서 붙어 있게 하다.

❸ **성경에 쓰인 용례**

틀(사 38:12)

나의 거처는 목자의 장막을 걷음같이 나를 떠나 옮겨졌고 직공이 베를 걷어 말음같이 내가 내 생명을 말았도다 주께서 나를 틀에서 끊으시리니 조석 간에 나를 끝내시리라(사 38:12)

달다

דַּלָּה [달라]

❹ 묵상 및 해석

고대 히브리어 '달라'는 '가느다란 실', '머리털', '가난한 사람' 등의 의미를 가지며, 원래 뜻은 '매달려 있는 것'의 의미입니다. 이사야 38:12에는 '틀'로 표기되어 있습니다. 실을 짜는 베틀을 의미합니다. 히브리어 '달라'는 우리말 '달다'를 유추하게 합니다. 우리말 '달다'는 '(물건이나 장치를) 시설하거나 설치하다'라는 의미입니다.

❺ 참고: 한글로 기록된 시대와 문헌

우리말 '달다'는 옛말인 '둘다'의 형태로 15세기 『석보상절』에 기록되었다고 합니다.

032

달리다의
의미를 고대 히브리어에서 유추해 볼까요?

❶ 고대 히브리어 사전에 기록된 일반적 의미

달: 매달려 있는 것, 연약한, 야윈

❷ 국어사전에 기록된 가까운 의미

달리다: [3.2.] (어떤 일을 하기에 힘이나 재주가) 모자라다.

❸ 성경에 쓰인 용례

약한(삿 6:15), 가난한(레 14:21)

그러나 기드온이 그에게 대답하되 오 주여 내가 무엇으로 이스라엘을 구원하리이까 보소서 나의 집은 므낫세 중에 극히 약하고 나는 내 아버지 집에서 가장 작은 자니이다 하니(삿 6:15)

달리다

דל [달]

❹ 묵상 및 해석

고대 히브리어 '달'은 '연약한', '야윈'의 의미이며, 원래 뜻은 '매달려 있는 것'이라는 의미입니다. 사사기 6:15에는 '약한'으로 표기되어 있습니다. 히브리어 '달'은 우리말 '(힘 등이) 달리다'를 유추하게 합니다. 우리말 '달리다'는 '(어떤 일을 하기에 힘이나 재주가) 모자라다'의 의미입니다.

❺ 참고: 한글로 기록된 시대와 문헌

우리말 '달리다'는 옛말인 '둘이다'의 형태로 15세기 『법화경언해』에 기록되었다고 합니다.

033

담의
의미를 고대 히브리어에서 유추해 볼까요?

❶ **고대 히브리어 사전**에 기록된 일반적 의미

　담: 피, 유혈 살해, 포도즙

❷ **국어사전**에 기록된 가까운 의미

　담: [4.2.] 몸의 분비액이 한 부분에 뭉쳐 있어서 아픈 병.

❸ **성경에 쓰인 용례**

　피(창 4:11)

　땅이 그 입을 벌려 네 손에서부터 네 아우의 피를 받았은즉 네가 땅에서 저주를 받으리니(창 4:11)

담

דָּם [담]

❹ 묵상 및 해석

고대 히브리어 '담'은 '피', '포도즙' 등의 의미를 가지고 있습니다. 창세기 4:11에는 '피'라고 표기되어 있습니다. 히브리어 '담'은 우리말 '피'를 의미적으로 유추하게 하거나, 한자어가 있는 '담'을 유추하게 합니다. 우리말 '담'은 몸의 분비액이 한 부분에 뭉쳐 있어서 아픈 병을 의미합니다. 우리말 '피'는 15세기에도 사용되었습니다. '피'가 한자어 '혈(血)'의 중국어 발음인지 분명치 않지만, '피'와 '담'이 우리말에서 어떤 의미 변화가 있었는지 궁금하기도 합니다.

❺ 참고: 한글로 기록된 시대와 문헌

'피'라는 말은 '담'과 별도로 15세기『월인천강지곡』에 기록되어 있다고 하니, 우리말에서 담과 피는 정확히 어떤 상관관계인지 불분명하기도 합니다.

034

답답하다의
의미를 고대 히브리어에서 유추해 볼까요?

❶ 고대 히브리어 사전에 기록된 일반적 의미

아다브: 슬픔으로 파리해지다, 슬퍼하다

❷ 국어사전에 기록된 가까운 의미

답답하다: [2.1.] (다른 사람의 태도나 무엇의 상태가) 애가 타고 안타깝게 여겨지다.

❸ 성경에 쓰인 용례

슬프게 하다(삼상 2:33)

내 제단에서 내가 끊어 버리지 아니할 네 사람이 네 눈을 쇠잔하게 하고 네 마음을 슬프게 할 것이요 네 집에서 출산되는 모든 자가 젊어서 죽으리라(삼상 2:33)

답답하다

אָדַב [아다브]

❹ **묵상 및 해석**

고대 히브리어 '아다브'는 '슬픔으로 파리해지다', '슬퍼하다'의 의미입니다. 사무엘상 2:33에는 '슬프게 할'로 표기되어 있습니다. 히브리어 '아다브'는 우리말 '답답', '답답하다'를 유추하게 합니다. 우리말 '답답하다'는 '(다른 사람의 태도나 무엇의 상태가) 애가 타고 안타깝게 여겨지다'라는 의미입니다.

❺ **참고**: 한글로 기록된 시대와 문헌

우리말 '답답하다'는 옛말인 '답답ᄒ다' 형태로 15세기 『구급방언해』에 기록되었다고 합니다.

035

대가리의
의미를 고대 히브리어에서 유추해 볼까요?

❶ **고대 히브리어 사전**에 기록된 일반적 의미

　데카르: 수컷, 숫양

❷ **국어사전**에 기록된 가까운 의미

　대가리: [2.] 동물의 머리.

❸ **성경에 쓰인 용례**

　숫양(스 6:9)

또 그들이 필요로 하는 것 곧 하늘의 하나님께 드릴 번제의 수송아지와 숫양과 어린 양과 또 밀과 소금과 포도주와 기름을 예루살렘 제사장의 요구대로 어김없이 날마다 주어(스 6:9)

대가리

דָּכָר [데카르]

❹ **묵상 및 해석**

고대 히브리어 '데카르'는 '수컷', '숫양' 등의 의미를 가지고 있습니다. 에스라 6:9에는 '숫양'으로 표기되어 있습니다. 히브리어 '데카르'는 우리말 '대가리'를 유추하게 합니다. 우리말 '대가리'는 '동물의 머리'를 의미합니다. 어떤 물체의 앞으로 돌출된 부분이나, 통속적으로 '우두머리'를 의미하기도 합니다.

❺ **참고**: 한글로 기록된 시대와 문헌

그 최초 기록 문헌은 국어사전에 표기되어 있지 않습니다.

036

대구의
의미를 고대 히브리어에서 유추해 볼까요?

❶ **고대 히브리어 사전**에 기록된 일반적 의미

다그: 물고기

❷ **국어사전**에 기록된 가까운 의미

대구: [1.] 입과 머리가 크고, 살이 많아 뚱뚱하며 살은 국이나 찌개 감으로 쓰이고 말려서 포를 만들며 연한 갈색과 잿빛이 섞인 빛깔의 큰 바닷물고기.

❸ **성경에 쓰인 용례**

물고기(창 9:2)

땅의 모든 짐승과 공중의 모든 새와 땅에 기는 모든 것과 바다의 모든 물고기가 너희를 두려워하며 너희를 무서워하리니 이것들은 너희의 손에 붙였음이니라(창 9:2)

대구

דָּג [다그]

❹ **묵상 및 해석**

고대 히브리어 '다그'는 '물고기'를 의미합니다. 창세기 9:2에는 '물고기'로 표기되어 있습니다. 히브리어 '다그'는 우리말 '대구'를 유추하게 합니다. 우리말 '대구'는 '입과 머리가 크고, … 연한 갈색과 잿빛이 섞인 빛깔의 큰 바닷물고기'입니다. '대구'는 한자로는 大口로 써서 '입이 크다'라는 의미라고 합니다. 물고기 중 대구가 비교적 입이 크지만, 히브리어 '다그'와 같이 물고기를 통칭하여 부르던 말이 아닐까요?

❺ **참고: 한글로 기록된 시대와 문헌**

그 최초 기록 문헌은 국어사전에 표기되어 있지 않습니다.

037

돈의
의미를 고대 히브리어에서 유추해 볼까요?

❶ **고대 히브리어 사전**에 기록된 일반적 의미

아돈: 주인, 재물 소유자, 주권자

❷ **국어사전**에 기록된 가까운 의미

돈: [1.2.] (한 사람이 가지고 있는) 금액으로 나타낼 수 있는 재산. 경제력.

❸ **성경에 쓰인 용례**

주인(창 42:30), 주(창 19:18)

그 땅의 주인인 그 사람이 엄하게 우리에게 말씀하고 우리를 그 땅에 대한 정탐꾼으로 여기기로(창 42:30)

돈
אָדוֹן [아돈]

❹ 묵상 및 해석

고대 히브리어 '아돈'은 '주인', '재물 소유자', '주권자' 등의 의미를 가지고 있습니다. 창세기 42:30에는 '주인'으로 표기되어 있습니다. 히브리어 '아돈'은 우리말 '돈'을 유추하게 합니다. 우리말 '돈'은 '(한 사람이 가지고 있는) 금액으로 나타낼 수 있는 재산, 경제력'을 의미합니다('아돈'에서 알레프 '아'가 묵음이라면 '아돈'은 '돈'으로 발음됩니다). 발음이나 의미(재물의 주인)가 오늘날 우리말의 '돈'과 유사해 보입니다.

❺ 참고: 한글로 기록된 시대와 문헌

우리말 '돈'은 '돈'의 형태로 15세기 『석보상절』에 기록되었다고 합니다.

038

떼의
의미를 고대 히브리어에서 유추해 볼까요?

❶ **고대 히브리어 사전**에 기록된 일반적 의미

데세: 처음 난 싹, 연한 풀, 풀

❷ **국어사전**에 기록된 가까운 의미

떼: [3.1.] 흙이 붙어 있게 뿌리를 얇고 넓게 파 낸 잔디.

❸ **성경에 쓰인 용례**

풀(창 1:11)

하나님이 이르시되 땅은 풀과 씨 맺는 채소와 각기 종류대로 씨 가진 열매 맺는 나무를 내라 하시니 그대로 되어(창 1:11)

떼

דֶּשֶׁא [데세]

❹ 묵상 및 해석

고대 히브리어 '데세'는 '처음 난 싹', '연한 풀', '풀'의 의미를 가지고 있습니다. 창세기 1:11에는 '풀'로 표기되어 있습니다. 히브리어 '데세'는 우리말 '떼'를 유추하게 합니다. 우리말 '떼'는 '흙이 붙어 있게 뿌리를 얇고 넓게 파 낸 잔디'를 의미합니다.

❺ 참고: 한글로 기록된 시대와 문헌

우리말 '떼'는 옛말인 '뙤'의 형태로 17세기 『동국신속삼강행실도』에 기록되었다고 합니다.

039

마구 + 자르다의
의미를 고대 히브리어에서 유추해 볼까요?

❶ 고대 히브리어 사전에 기록된 일반적 의미

  마그제라: 도끼

❷ 국어사전에 기록된 가까운 의미

  마구: [2.] 매우 세차게. 심하게.

  자르다: [1.] 물체를 베어 동강을 내다.

❸ 성경에 쓰인 용례

  도끼(삼하 12:31)

  그 안에 있는 백성들을 끌어내어 톱질과 써레질과 철도끼질과 벽돌구이를 그들에게 하게 하니라 암몬 자손의 모든 성읍을 이같이 하고 다윗과 모든 백성이 예루살렘으로 돌아가니라(삼하 12:31)

마구 + 자르다
מְגֵרָה [마그제라]

❹ 묵상 및 해석

고대 히브리어 '마그제라'는 '도끼'를 의미하는 말입니다. 사무엘하 12:31에는 '도끼'로 표기되어 있습니다. '마그제라'는 '가자르'(자르다)라는 동사의 명사형입니다. 그런데 이 말은 재미있게도 우리말 '마구 잘라'를 유추하게 합니다. 우리말 '마구'는 '매우 세차게, 심하게', '자르다'는 '물체를 베어 동강을 내다'라는 의미입니다.

❺ 참고: 한글로 기록된 시대와 문헌

우리말 '마구'의 옛말은 '마고'인데 15세기『월인석보』에 기록되었다고 합니다.

040

마르다의
의미를 고대 히브리어에서 유추해 볼까요?

❶ **고대 히브리어 사전**에 기록된 일반적 의미

말라흐: 미끄럽게 하다, 타작하다, 소금 치다, 사라지다

❷ **국어사전**에 기록된 가까운 의미

마르다: [1.1.] 젖거나 진 것에서 물기가 증발하여 없어지다.

❸ **성경에 쓰인 용례**

사라지다(사 51:6)

너희는 하늘로 눈을 들며 그 아래의 땅을 살피라 하늘이 연기같이 사라지고 땅이 옷같이 해어지며 거기에 사는 자들이 하루살이같이 죽으려니와 나의 구원은 영원히 있고 나의 공의는 폐하여지지 아니하리라(사 51:6)

마르다
מָלַח [말라흐]

❹ **묵상 및 해석**

고대 히브리어 '말라흐'는 '미끄럽게 하다', '타작하다', '사라지다'와 같은 의미를 가진 말입니다. 이사야 51:6에는 '사라지고'로 표기되어 있습니다. '말라흐'는 우리말 '마르다'를 유추하게 합니다. 우리말 '마르다'는 '젖거나 진 것에서 물기가 증발하여 없어지다'라는 의미입니다. 세탁물이나 젖은 수건을 말리면 물기가 사라지고, 그릇 등을 씻고 말리면 표면이 매끄럽게 되겠지요.

❺ **참고**: 한글로 기록된 시대와 문헌

우리말 '마르다'는 'ᄆᆞᄅᆞ다' 형태로 15세기 『월인석보』에 기록되었다고 합니다.

041

마시다의
의미를 고대 히브리어에서 유추해 볼까요?

❶ **고대 히브리어 사전**에 기록된 일반적 의미

마쉬케: 술잔을 따라 올리는 사람, 마실 것

❷ **국어사전**에 기록된 가까운 의미

마시다: [1.] (물이나 술 따위의) 액체를 목구멍으로 넘기다.

❸ **성경에 쓰인 용례**

마시는(왕상 10:21)

솔로몬 왕이 마시는 그릇은 다 금이요 레바논 나무 궁의 그릇들도 다 정금이라 은 기물이 없으니 솔로몬의 시대에 은을 귀히 여기지 아니함은(왕상 10:21)

마시다
מַשְׁקֶה [마쉬케]

❹ **묵상 및 해석**

고대 히브리어 '마쉬케'는 '술잔을 따라 올리는 사람', '마실 것' 등을 의미하는 말입니다. 열왕기상 10:21에는 '마시는'으로 표기되어 있습니다. 히브리어 '마쉬케'는 우리말 '마시다'를 유추하게 합니다. 우리말 '마시다'는 '(물이나 술 따위의) 액체를 목구멍으로 넘기다'의 의미입니다.

❺ **참고: 한글로 기록된 시대와 문헌**

우리말 '마시다'는 '마시다' 형태로 15세기 『석보상절』에 기록되었다고 합니다.

042

막, 막하다의
의미를 고대 히브리어에서 유추해 볼까요?

❶ **고대 히브리어 사전**에 기록된 일반적 의미

마하크: 산산조각내다, 파쇄하다, 때려 부수다

❷ **국어사전**에 기록된 가까운 의미

막, 막하다: [4.1.] 잘 따지거나 생각해 보지 않고 함부로.

❸ **성경에 쓰인 용례**

뚫다(삿 5:26)

손으로 장막 말뚝을 잡으며 오른손에 일꾼들의 방망이를 들고 시스라를 쳐서 그의 머리를 뚫되 곧 그의 관자놀이를 꿰뚫었도다(삿 5:26)

막, 막하다
מָחַק [마하크]

❹ **묵상 및 해석**

고대 히브리어 '마하크'는 '산산조각 내다', '파쇄하다', '때려 부수다' 등의 의미를 가지고 있습니다. 사사기 5:26에는 '뚫다'로 표기되어 있습니다. 히브리어 '마하크'는 우리말 '막하다', '막', '마구'를 유추하게 합니다. 우리말 '막하다'는 '잘 따지거나 생각해 보지 않고 함부로'의 의미입니다. 말이나 행동을 막하는 것은 파괴하거나 산산조각 내어 부수어 버리는 일입니다.

❺ **참고**: 한글로 기록된 시대와 문헌

우리말 '막하다'는 말이나 행동 따위를 함부로 한다는 의미입니다. '막하다'는 한글로 기록된 최초 문헌이 국어사전에 표기되어 있지 않습니다.

043

막다의
의미를 고대 히브리어에서 유추해 볼까요?

---

❶ 고대 히브리어 사전에 기록된 일반적 의미

　마카츠: 끝, 마가스(지명, 팔레스틴)

❷ 국어사전에 기록된 가까운 의미

　막다: [1.] 통하든가 진행하지 못하게 하다.

❸ 성경에 쓰인 용례

　마가스(왕상 4:9)

　마가스와 사알빔과 벧세메스와 엘론벧하난에는 벤데겔이요(왕상 4:9)

막다

מָקַץ [마카츠]

❹ **묵상 및 해석**

고대 히브리어 '마카츠'는 '끝'이라는 의미를 가지고 있습니다. 열왕기상 4:9에 '마가스'라는 지명이 나옵니다. 히브리어 '마카츠'는 우리말 '막다'를 유추하게 합니다. 우리말 '막다'는 '통하든가 진행하지 못하게 하다'라는 의미입니다. '막힌 길'이라면 길의 끝이라는 뜻이 되겠습니다.

❺ **참고**: 한글로 기록된 시대와 문헌

우리말 '막다'는 '막다'의 형태로 15세기 『용비어천가』에 기록되었다고 합니다.

막대기, 막대의
의미를 고대 히브리어에서 유추해 볼까요?

❶ 고대 히브리어 사전에 기록된 일반적 의미

맛테: 나뭇가지, 회초리, 규, 창, 지팡이, 막대기

❷ 국어사전에 기록된 가까운 의미

막대기, 막대: 가늘고 기름한 나무 도막.

❸ 성경에 쓰인 용례

막대기(사 10:26)

만군의 여호와께서 채찍을 들어 그를 치시되 오렙 바위에서 미디안을 쳐 죽이신 것같이 하실 것이며 막대기를 드시되 바다를 향하여 애굽에서 하신 것같이 하실 것이라(사 10:26)

막대기, 막대

[맛테]

❹ 묵상 및 해석

고대 히브리어 '맛테'는 '나뭇가지', '막대기', '지팡이'와 같은 의미를 가지고 있습니다. 이사야 10:26에 '막대기'로 표기되어 있습니다. '맛테'는 '나타(펼치다, 쫓아 버리다)'의 명사형입니다. '맛테'는 우리말 '막대기'를 유추하게 합니다. 우리말 '막대기'와 '막대'는 '가늘고 기름한 나무 도막'을 의미합니다.

❺ 참고: 한글로 기록된 시대와 문헌

우리말 '막대기'와 '막대'는 모두 표준어인데, '막대'는 옛말인 '막다히'의 형태로 15세기 『석보상절』에 기록되었다고 합니다.

045

말, 말하다의
의미를 고대 히브리어에서 유추해 볼까요?

❶ 고대 히브리어 사전에 기록된 일반적 의미

아마르: 말하다, 소명하다, 권고하다

❷ 국어사전에 기록된 가까운 의미

말, 말하다: [1.] 생각이나 느낌을 말로 나타내다.

❸ 성경에 쓰인 용례

말(창 41:54)

요셉의 말과 같이 일곱 해 흉년이 들기 시작하매 각국에는 기근이 있으나 애굽 온 땅에는 먹을 것이 있더니(창 41:54)

말, 말하다
אָמַר [아마르]

❹ 묵상 및 해석

고대 히브리어 '아마르'는 '말하다', '소명하다', '권고하다' 등의 의미를 가지고 있습니다. 창세기 41:54에는 '말'로 표기되어 있습니다. 히브리어 '아마르'는 우리말 '말', '말하다'를 유추하게 합니다. 우리말 '말하다'는 '생각이나 느낌을 말로 나타내다'라는 의미입니다(첫 글자 알레프가 묵음으로 발음된다면 '마르'로 발음되며, 의미도 우리말 '말'과 같습니다).

❺ 참고: 한글로 기록된 시대와 문헌

우리말 '말하다'는 옛말인 '말ᄒᆞ다'의 형태로 15세기 『용비어천가』에 기록되었다고 합니다.

046

말하다의
의미를 고대 히브리어에서 유추해 볼까요?

❶ 고대 히브리어 사전에 기록된 일반적 의미

말랄: 말하다, 발언하다, 이야기하다

❷ 국어사전에 기록된 가까운 의미

말하다: [1.2.] 책이나 기록에서 일정한 내용을 전하여 주다.

❸ 성경에 쓰인 용례

말하다(시 106:2)

누가 능히 여호와의 권능을 다 말하며 주께서 받으실 찬양을 다 선포하랴(시 106:2)

말하다
מָלַל [말랄]

❹ **묵상 및 해석**

고대 히브리어 '말랄'은 '말하다', '발언하다', '이야기하다'의 의미를 가지고 있습니다. 시편 106:2에는 '말하며'로 표기되어 있습니다. 히브리어 '말랄'은 우리말 '말하다'를 유추하게 합니다. 히브리어 '아마르'가 일반적인 '말하다'의 의미라면, 히브리어 '말랄'은 사용 빈도가 낮습니다. 우리말 '말하다'는 '책이나 기록에서 일정한 내용을 전하여 주다'라는 의미입니다.

❺ **참고**: 한글로 기록된 시대와 문헌

우리말 '말하다'는 옛말인 '말ㅎ다' 형태로 15세기 『용비어천가』에 기록되었다고 합니다.

047

맛나다의
의미를 고대 히브리어에서 유추해 볼까요?

❶ **고대 히브리어 사전**에 기록된 일반적 의미

　만암: 맛있는 음식, 진수성찬

❷ **국어사전**에 기록된 가까운 의미

　맛나다: 맛이 좋다.

❸ **성경에 쓰인 용례**

　진수성찬(시 141:4)

　내 마음이 악한 일에 기울어 죄악을 행하는 자들과 함께 악을 행하지 말게 하시며 그들의 진수성찬을 먹지 말게 하소서(시 141:4)

맛나다
מַנְעַם [만암]

❹ 묵상 및 해석

고대 히브리어 '만암'은 '맛있는 음식', '진수성찬'을 의미합니다. 시편 141:4에는 '진수성찬'으로 표기되어 있습니다. '만암'은 '나엠(유쾌하다, 사랑스럽다)'의 명사형입니다. '만암'은 우리말 '맛남' 또는 '맛나다'를 유추하게 합니다. 우리말 '맛나다'는 '맛이 좋다'의 의미입니다.

❺ 참고: 한글로 기록된 시대와 문헌

우리말 '맛나다'는 15세기 『내훈』에 기록되었다고 합니다.

048

맡다, 맞다의
의미를 고대 히브리어에서 유추해 볼까요?

❶ **고대 히브리어 사전**에 기록된 일반적 의미

　맡타라: 보관, 표적

❷ **국어사전**에 기록된 가까운 의미

　맡다: [2.3.] (남의 물건을) 받아서 보관하다.

　맞다: [2.2.2.] 겨눈 것이 목표에 똑바로 닿다.

❸ **성경에 쓰인 용례**

　과녁(삼상 20:20)

　내가 과녁을 쏘려 함같이 화살 셋을 그 바위 곁에 쏘고(삼상 20:20)

맡다, 맞다
מַטָּרָא [맡타라]

❹ 묵상 및 해석

고대 히브리어 '맡타라'는 '보관', '표적' 등의 의미를 가지고 있습니다. 사무엘상 20:20에는 '과녁'으로 표기되었습니다. 히브리어 '맡타라'는 우리말 '맡다', '맞다'를 유추하게 합니다. 우리말 '맡다'는 '(남의 물건을) 받아서 보관하다', '맞다'는 '겨눈 것이 목표에 똑바로 닿다'의 의미입니다. 보관은 맡다, 표적은 맞다와 연관된 의미가 아닐까요.

❺ 참고: 한글로 기록된 시대와 문헌

우리말 '맡다'는 옛말인 '맛다'의 형태로 15세기 『용비어천가』에 기록되었다고 합니다.

049

매우의
의미를 고대 히브리어에서 유추해 볼까요?

❶ **고대 히브리어 사전**에 기록된 일반적 의미

메오드: 강함, 매우, 심함

❷ **국어사전**에 기록된 가까운 의미

매우: 보통의 정도를 훨씬 더 넘게.

❸ **성경에 쓰인 용례**

매우 심함(시 119:107)

나의 고난이 매우 심하오니 여호와여 주의 말씀대로 나를 살아나게 하소서
(시 119:107)

매우

[메오드]

❹ **묵상 및 해석**

고대 히브리어 '메오드'는 '매우', '강함', '심함'의 의미를 가지고 있습니다. 시편 119:107에는 '매우 심하오니'로 표기되어 있습니다. '메오드'는 우리말 '매우'를 유추하게 합니다. 우리말 '매우'는 '보통의 정도를 훨씬 더 넘게'의 의미입니다.

❺ **참고**: 한글로 기록된 시대와 문헌

우리말 '매우'는 옛말인 '미오'의 형태로 18세기 『속자성』에 기록되었다고 합니다.

050

메의
의미를 고대 히브리어에서 유추해 볼까요?

❶ 고대 히브리어 사전에 기록된 일반적 의미

메히: 두들김, 공성퇴, 병기

❷ 국어사전에 기록된 가까운 의미

메: [2.1.] 묵직한 나무토막이나 쇠토막에 자루를 박아 무엇을 치거나 박을 때 쓰는 도구.

❸ 성경에 쓰인 용례

공성퇴(겔 26:9)

공성퇴를 가지고 네 성을 치며 도끼로 망대를 찍을 것이며(겔 26:9)

메
מְחִי [메히]

❹ **묵상 및 해석**

고대 히브리어 '메히'는 '두들김', '공성퇴', '병기' 등의 의미를 가지고 있습니다. 에스겔 26:9에는 '공성퇴'로 표기되어 있습니다. 히브리어 '메히'는 우리말 '메'나 '매'를 유추하게 합니다. 우리말 '메'는 '묵직한 나무토막이나 쇠토막에 자루를 박아 무엇을 치거나 박을 때 쓰는 도구'입니다. '매'는 '벌을 주기 위하여 사람이나 짐승을 때릴 때 쓰는 막대기나 몽둥이, 회초리'입니다. 모두 공격적이거나 파괴적인 용도로 사용됩니다.

❺ **참고**: 한글로 기록된 시대와 문헌

우리말 '매'는 '매'의 형태로 15세기 『석보상절』에 기록되었다고 합니다.

051

메아리의
의미를 고대 히브리어에서 유추해 볼까요?

❶ **고대 히브리어 사전**에 기록된 일반적 의미

메아라: 동굴, 구멍, 굴

❷ **국어사전**에 기록된 가까운 의미

메아리: [1.] 산에서 크게 외친 소리가 산이나 골짜기에 부딪혀 되울려 돌아오는 소리.

❸ **성경에 쓰인 용례**

굴(수 10:16)

그 다섯 왕들이 도망하여 막게다의 굴에 숨었더니(수 10:16)

메아리

מְעָרָה [메아라]

❹ **묵상 및 해석**

고대 히브리어 '메아라'는 '동굴', '구멍'을 의미합니다. 여호수아 10:16에는 '굴'로 표기되어 있습니다. '메아라'는 우리말 '메아리'를 유추하게 합니다. 우리말 '메아리'는 '산에서 크게 외친 소리가 산이나 골짜기에 부딪혀 되울려 돌아오는 소리'입니다. '메아리'는 울려 퍼져 가던 소리가 산이나 절벽에서 반향되는 소리입니다. 이런 반향의 소리는 동굴에서 더욱 분명히 들을 수 있습니다.

❺ **참고:** 한글로 기록된 시대와 문헌

우리말 '메아리'는 옛말인 '뫼사리' 형태로 15세기 『월인석보』에 기록되었다고 합니다.

052

메어(치다)의
의미를 고대 히브리어에서 유추해 볼까요?

❶ 고대 히브리어 사전에 기록된 일반적 의미

메하: 세게 치다, 쳐부수다, 금하다

❷ 국어사전에 기록된 가까운 의미

메어(치다): 둘러메어 땅에 힘껏 내리치다.

❸ 성경에 쓰인 용례

치다(단 2:34)

또 왕이 보신즉 손대지 아니한 돌이 나와서 신상의 쇠와 진흙의 발을 쳐서 부서뜨리매(단 2:34)

메어(치다)

 [메하]

❹ **묵상 및 해석**

고대 히브리어 '메하'는 '세게 치다', '쳐부수다', '금하다'를 의미하는 말입니다. 다니엘 2:34에는 '쳐서'라는 말로 표기되어 있습니다. '메하'는 우리말 '메어치다'를 유추하게 합니다. 우리말 '메어치다'는 '둘러메어 땅에 힘껏 내리치다'라는 의미입니다. 매우 세게 내려치는 것을 '메어치다'라고 합니다.

❺ **참고:** 한글로 기록된 시대와 문헌

우리말 '메어치다'는 옛말인 '메여티다'의 형태로 15세기 『월인석보』에 기록되었다고 합니다.

053

메주의
의미를 고대 히브리어에서 유추해 볼까요?

❶ **고대 히브리어 사전**에 기록된 일반적 의미

메제브: 방, 창고, 곡간(곡식 창고)

❷ **국어사전**에 기록된 가까운 의미

메주: (장을 담그기 위해) 삶은 콩을 찧어 네모난 덩이로 뭉쳐서 띄워 말린 것.

❸ **성경에 쓰인 용례**

곳간(시 144:13)

우리의 곳간에는 백곡이 가득하며 우리의 양은 들에서 천천과 만만으로 번성하며(시 144:13)

메주

מָזֶו [메제브]

❹ **묵상 및 해석**

고대 히브리어 '메제브'는 '방', '창고', '곡간(곡식 창고)' 등의 의미를 가지고 있습니다. 시편 144:13에는 '곳간'으로 표기되어 있습니다. 히브리어 '메제브'는 우리말 '메주'를 유추하게 합니다. 우리말 '메주'는 '(장을 담그기 위해) 삶은 콩을 찧어 네모난 덩이로 뭉쳐서 띄워 말린 것'입니다. 대개 콩을 찧어 사각 형태로 말려서 매달아 보관하는데 이런 형성의 틀과 같은 의미에서 메주라는 말이 나온 것은 아닐까요.

❺ **참고**: 한글로 기록된 시대와 문헌

우리말 '메주'는 옛말인 '며조' 또는 '메조' 형태로 17세기 『신간구황촬요(신구 보유, 신구 신구황)』에 기록되었다고 합니다.

054

모르다의
의미를 고대 히브리어에서 유추해 볼까요?

❶ 고대 히브리어 사전에 기록된 일반적 의미

모레: 교사, 궁사, 이른비

❷ 국어사전에 기록된 가까운 의미

모르다: [1.] 알지 못하다.

❸ 성경에 쓰인 용례

이른 비(욜 2:23)

시온의 자녀들아 너희는 너희 하나님 여호와로 말미암아 기뻐하며 즐거워할 지어다 그가 너희를 위하여 비를 내리시되 이른 비를 너희에게 적당하게 주시리니 이른 비와 늦은 비가 예전과 같을 것이라(욜 2:23)

모르다
מוֹרֶה [모레]

❹ 묵상 및 해석

고대 히브리어 '모레'는 '교사', '궁사', '이른 비' 등의 의미를 가지고 있습니다. 요엘 2:23에는 '이른 비'로 표기되어 있습니다. 비가 내려서 식물들의 싹을 트게 하거나 성장하도록 하는 것은 마치 교사와 같은 역할이 아닐까요? 히브리어 '모레'는 우리말 '몰라', '모르다'를 유추하게 합니다. 우리말 '모르다'는 '알지 못하다'의 의미입니다. 선생님은 모르는 것을 알려주는 분입니다. '선생님 몰라요'라는 말은 이미 선생님을 '모레', 즉 교사로 부르는 말이 아닐까요.

❺ 참고: 한글로 기록된 시대와 문헌

우리말 '모르다'는 옛말인 '모르다나 몰라'의 형태로 15세기 『석보상절』에 기록되었다고 합니다.

055

모으다의
의미를 고대 히브리어에서 유추해 볼까요?

❶ 고대 히브리어 사전에 기록된 일반적 의미

모에드: 정한 때, 회중, 회막, 성회, 절기

❷ 국어사전에 기록된 가까운 의미

모으다: [2.] 여럿을 한곳에 오게 하다.

❸ 성경에 쓰인 용례

기한(삼상 13:8)

사울은 사무엘이 정한 기한대로 이레 동안을 기다렸으나 사무엘이 길갈로 오지 아니하매 백성이 사울에게서 흩어지는지라(삼상 13:8)

모으다

מוֹעֵד [모에드]

❹ 묵상 및 해석

고대 히브리어 '모에드'는 '정한 때', '회중', '절기'와 같은 의미가 있습니다. 사무엘상 13:8에는 '기한'이라는 표기가 있습니다. '모에드'는 우리말 '모으다'를 유추하게 합니다. 우리말 '모으다'는 '여럿을 한곳에 오게 하다'라는 의미입니다. 사람을 모을 때는 정한 시간, 정한 장소, 일정한 회중이 필요합니다.

❺ 참고: 한글로 기록된 시대와 문헌

우리말 '모으다'는 옛말인 '뫼호다' 형태로 15세기 『석보상절』에 쓰였다고 합니다.

056

무르다의
의미를 고대 히브리어에서 유추해 볼까요?

❶ **고대 히브리어 사전**에 기록된 일반적 의미

무르: 바꾸다, 변경하다, 환전하다

❷ **국어사전**에 기록된 가까운 의미

무르다: [1.] 사거나 바꾸었던 물건을 도로 주고 냈던 돈이나 물건을 되찾다.

❸ **성경에 쓰인 용례**

바꾸다(레 27:10)

그것을 변경하여 우열간 바꾸지 못할 것이요 혹 가축으로 가축을 바꾸면 둘 다 거룩할 것이며(레 27:10)

무르다

מוּר [무르]

❹ 묵상 및 해석

고대 히브리어 '무르'는 '바꾸다', '변경하다', '환전하다'와 같은 의미를 가지고 있습니다. 레위기 27:10에는 '바꾸다'로 기록되어 있습니다. '무르'는 우리말 '무르다'를 유추하게 합니다. 우리말 '무르다'는 '사거나 바꾸었던 물건을 도로 주고 냈던 돈이나 물건을 되찾다'의 의미입니다.

❺ 참고: 한글로 기록된 시대와 문헌

우리말 '무르다'는 옛말인 '므르다'의 형태로 15세기 『월인석보』에 기록되었다고 합니다.

057

묵의
의미를 고대 히브리어에서 유추해 볼까요?

❶ **고대 히브리어 사전**에 기록된 일반적 의미

무그: 녹이다, 흐르다, 흘러내리다

❷ **국어사전**에 기록된 가까운 의미

묵: 메밀, 녹두, 도토리 따위를 물과 함께 곱게 갈아서 그 앙금을 모아 끓여서 차게 굳힌 음식.

❸ **성경에 쓰인 용례**

녹다(시 46:6)

뭇 나라가 떠들며 왕국이 흔들렸더니 그가 소리를 내시매 땅이 녹았도다(시 46:6)

묵

מוג [무그]

❹ **묵상 및 해석**

고대 히브리어 '무그'는 '녹이다', '흐르다' 등의 의미를 가진 말입니다. 시편 46:6에는 '녹았도다'로 표기되어 있습니다. 히브리어 '무그'는 우리말 '묵'을 유추하게 합니다. 우리말 '묵'은 '메밀, 녹두, 도토리 따위를 물과 함께 곱게 갈아서 그 앙금을 모아 끓여서 차게 굳힌 음식'을 의미합니다. 묵은 부드럽고, 쉽게 부서지며, 흐르는 듯이 미끌거립니다.

❺ **참고:** 한글로 기록된 시대와 문헌

그 최초 기록 문헌은 국어사전에 표기되어 있지 않습니다.

058

묻다의
의미를 고대 히브리어에서 유추해 볼까요?

❶ **고대 히브리어 사전**에 기록된 일반적 의미

무트: 죽다, 멸망하다, 소멸하다

❷ **국어사전**에 기록된 가까운 의미

묻다: [1.] 특정 장소 속에 놓고 다른 물질로 위를 덮어서 가리다.

❸ **성경에 쓰인 용례**

죽다(창 7:22)

육지에 있어 그 코에 생명의 기운의 숨이 있는 것은 다 죽었더라

(창 7:22)

묻다
מות [무트]

❹ 묵상 및 해석

고대 히브리어 '무트'는 '죽다', '멸망하다', '소멸하다'와 같은 의미를 가지고 있습니다. 창세기 7:22에는 '죽었더라'로 표기되어 있습니다. '무트'는 우리말 '묻다'나 '무덤'을 유추하게 합니다. 우리말 '묻다'는 '특정 장소 속에 놓고 다른 물질로 위를 덮어서 가리다'라는 의미입니다. '무덤'은 돌아가신 분을 묻고 흙을 덮은 장소입니다.

❺ 참고: 한글로 기록된 시대와 문헌

우리말 '묻다'는 '묻다'의 형태로 15세기 『용비어천가』에 기록되었다고 합니다. '무덤'도 15세기 『월인석보』에 기록되었다고 합니다.

059

밀다의
의미를 고대 히브리어에서 유추해 볼까요?

❶ **고대 히브리어 사전**에 기록된 일반적 의미

밀루아: 채우기, 박아 끼우기(보석), 끼워 넣기

❷ **국어사전**에 기록된 가까운 의미

밀다: [1.] (뒤에서 힘을 가하여 물체를) 앞으로 움직이게 하다.

❸ **성경에 쓰인 용례**

물리다(출 28:17)

그것에 네 줄로 보석을 물리되 첫 줄은 홍보석 황옥 녹주옥이요
(출 28:17)

밀다

מִלֻּאָה [밀루아]

❹ 묵상 및 해석

고대 히브리어 '밀루아'는 '채우기', '박아 끼우기(보석)', '끼워 넣기' 등의 의미를 가지고 있습니다. 출애굽기 28:17에는 '물리다'로 표기되어 있습니다. 보석을 끼워 넣었다는 의미입니다. 히브리어 '밀루아'는 우리말 '밀다'를 유추하게 합니다. 우리말 '밀다'는 '(뒤에서 힘을 가하여 물체를) 앞으로 움직이게 하다'라는 의미입니다. 꼭 맞는 무엇을 밀어서 끼우기도 하고, 고정시키기도 합니다.

❺ 참고: 한글로 기록된 시대와 문헌

우리말 '밀다'는 '밀다'의 형태로 15세기 『용비어천가』에 기록되었다고 합니다.

060

바래다의
의미를 고대 히브리어에서 유추해 볼까요?

❶ 고대 히브리어 사전에 기록된 일반적 의미

발레: 낡은, 오래된, 해어진

❷ 국어사전에 기록된 가까운 의미

바래다: 색이 변하여 희미해지거나 누레지다.

❸ 성경에 쓰인 용례

해어진(수 9:4), 낡은(수 9:5), 쇠한(겔 23:43)

꾀를 내어 사신의 모양을 꾸미되 해어진 전대와 해어지고 찢어져서 기운 가죽 포도주 부대를 나귀에 싣고 (수 9:4)

바래다

בָּלֶה [발레]

❹ **묵상 및 해석**

고대 히브리어 '발레'는 '낡은', '오래된', '해어진'과 같은 의미를 가지고 있습니다. 여호수아 9:4에는 '해어진'으로 표기되어 있습니다. '발레'는 우리말 '바래다'를 유추하게 합니다. 우리말 '바래다'는 '색이 변하여 희미해지거나 누레지다'라는 의미입니다.

❺ **참고: 한글로 기록된 시대와 문헌**

그 최초 기록 문헌은 국어사전에 표기되어 있지 않습니다.

061

바르다의
의미를 고대 히브리어에서 유추해 볼까요?

❶ **고대 히브리어 사전**에 기록된 일반적 의미

발라: 삼켜 버리다, 소모하다, 제하다, 파괴하다

❷ **국어사전**에 기록된 가까운 의미

바르다: 생선 가시를 골라내고 살만 남기다.

❸ **성경에 쓰인 용례**

먹으리로다(사 28:4)

그 기름진 골짜기 꼭대기에 있는 그의 영화가 쇠잔해 가는 꽃이 여름 전에 처음 익은 무화과와 같으리니 보는 자가 그것을 보고 얼른 따서 먹으리로다(사 28:4)

바르다

בָּלַע [발라]

❹ 묵상 및 해석

고대 히브리어 '발라'는 '삼켜 버리다', '소모하다', '제하다', '파괴하다'와 같은 의미를 가지고 있습니다. 이사야 28:4에는 '먹으리로다'로 표기되어 있습니다. '발라'는 우리말 '바르다'를 유추하게 합니다. 우리말 '바르다'는 '생선 가시를 골라내고 살만 남기다'라는 의미입니다. 갈비와 같은 고기도 뼈를 발라낸다고 합니다. 속어로 '발라 버린다'는 상대방을 파괴하거나 제거한다는 의미로 사용되는 것 같습니다.

❺ 참고: 한글로 기록된 시대와 문헌

우리말 '바르다'는 '브리다' 형태로 15세기 『능엄경언해』에 기록되었다고 합니다.

062

받다의
의미를 고대 히브리어에서 유추해 볼까요?

❶ 고대 히브리어 사전에 기록된 일반적 의미

아바드: 길을 잃다, 재물을 잃다, 목숨을 잃다, 민족이 멸망하다

❷ 국어사전에 기록된 가까운 의미

받다: [2.1.] (머리나 뿔 따위로) 세게 밀어 부딪치다.

❸ 성경에 쓰인 용례

망하다(출 10:7)

바로의 신하들이 그에게 말하되 어느 때까지 이 사람이 우리의 함정이 되리이까 그 사람들을 보내어 그들의 하나님 여호와를 섬기게 하소서 왕은 아직도 애굽이 망한 줄을 알지 못하시나이까 하고(출 10:7)

받다

אָבַד [아바드]

❹ **묵상 및 해석**

고대 히브리어 '아바드'는 '길을 잃다', '재물을 잃다', '목숨을 잃다', '민족이 멸망하다', '망하다' 등의 의미를 가지고 있습니다. 출애굽기 10:7에는 '망한'으로 표기되어 있습니다. 히브리어 '아바드'는 우리말 '받다'를 유추하게 합니다. 우리말 '받다'는 '(머리나 뿔 따위로) 세게 밀어 부딪치다'의 의미입니다. 소가 들이받으면 사람은 목숨을 잃을 수도 있습니다.

❺ **참고:** 한글로 기록된 시대와 문헌

우리말 '받다'는 '받다'의 형태로 15세기 『월인천강지곡』에 기록되었다고 합니다.

063

배, 태(胎), 배때기(배의 속된 말)의
의미를 고대 히브리어에서 유추해 볼까요?

❶ 고대 히브리어 사전에 기록된 일반적 의미

베텐: 배, 자궁(태), 복부, 뱃속

❷ 국어사전에 기록된 가까운 의미

배: [1.1.] 사람이나 동물의 몸에서, 가슴 아래에서 다리 위까지의 부분.

태: [1.1.] 모체 안에서 태아를 싸고 있는 조직.

❸ 성경에 쓰인 용례

배(시 17:14), 모태(욥 3:10)

주의 손으로 나를 구하소서 그들은 주의 재물로 배를 채우고 자녀로 만족하고 그들의 남은 산업을 그들의 어린아이들에게 물려주는 자니이다(시 17:14)

배, 태(胎), 배때기(배의 속된 말)

 [베텐]

❹ **묵상 및 해석**

고대 히브리어 '베텐'은 '배', '태', '자궁', '복부', '뱃속' 등의 의미를 가지고 있습니다. 시편 17:14에는 '배'로 표기되어 있습니다. 히브리어 '베텐'은 우리말 '배', '태(胎)', '배때기'를 유추하게 합니다. 우리말 '배'는 '사람이나 동물의 몸에서, 가슴 아래에서 다리 위까지의 부분', '태'는 '모체 안에서 태아를 싸고 있는 조직', '배때기'는 (사람, 짐승의) '배'의 속된 말을 의미합니다. '배' 부분과 '태' 부분이 말로 어떻게 나누어졌을지 의문입니다.

❺ **참고:** 한글로 기록된 시대와 문헌

우리말 '배'는 옛말인 '비'의 형태로 15세기 『석보상절』에 기록되었다고 합니다. 우리말 '배때기'는 '배'를 속되게 이르는 말로 19세기 문헌에 나온다고 합니다.

064

배다의
의미를 고대 히브리어에서 유추해 볼까요?

❶ 고대 히브리어 사전에 기록된 일반적 의미

벤: 아들, 자식, 후손, 새끼, 나이

❷ 국어사전에 기록된 가까운 의미

배다: [2.] (뱃속에 아이나 새끼, 알 따위를) 가지다.

❸ 성경에 쓰인 용례

자식, 아들(창 21:7)

또 이르되 사라가 자식들을 젖먹이겠다고 누가 아브라함에게 말하였으리요 마는 아브라함의 노경에 내가 아들을 낳았도다 하니라(창 21:7)

배다

בֵּן [벤]

❹ 묵상 및 해석

고대 히브리어 '벤'은 '아들', '자식', '후손', '새끼', '나이'와 같이 많은 의미로 사용되고 있습니다. 창세기 21:7에는 '자식', '아들'이라는 말로 표기되어 있습니다. '벤'은 우리말 '배다'를 유추하게 합니다. 우리말 '배다'는 '(뱃속에 아이나 새끼, 알 따위를) 가지다'를 의미합니다. 갓난아기의 옷을 '배냇저고리'라고 부르는데 같은 기원은 아닐까요.

❺ 참고: 한글로 기록된 시대와 문헌

우리말 '배다'는 '빅다'의 형태로 15세기 『석보상절』에 기록되었다고 합니다.

065

빌다의
의미를 고대 히브리어에서 유추해 볼까요?

❶ **고대 히브리어 사전**에 기록된 일반적 의미

비나: 이해, 총명, 지식, 지혜

❷ **국어사전**에 기록된 가까운 의미

빌다: [2.1.] 생각한 대로 이루어지기를 바라다.

❸ **성경에 쓰인 용례**

지식(신 4:6), 총명(대상 22:12, 욥 34:16, 사 29:14)

너희는 지켜 행하라 이것이 여러 민족 앞에서 너희의 지혜요 너희의 지식이라 그들이 이 모든 규례를 듣고 이르기를 이 큰 나라 사람은 과연 지혜와 지식이 있는 백성이로다 하리라(신 4:6)

빌다

בִּינָה [비나]

❹ 묵상 및 해석

고대 히브리어 '비나'는 '이해', '총명', '지식', '지혜' 등의 의미를 가지고 있습니다. 신명기 4:6에는 '지식'으로 표기되어 있습니다. 히브리어 '비나'는 우리말 '빌다', '비나이다'를 유추하게 합니다. 우리말 '빌다'는 '생각한 대로 이루어지기를 바라다'입니다. '비나이다'는 국어사전에서 의미를 찾기는 어렵지만, 과거에 달이나 큰 나무와 신령과 같은 주술적 대상에 기도를 하는 모습을 통해 그 의미를 추정할 수 있습니다.

❺ 참고: 한글로 기록된 시대와 문헌

우리말 '빌다'는 '빌다'의 형태로 15세기 『석보상절』에 기록되었다고 합니다. 기도할 때에 하는 말인 '비나이다'는 어원이 확실하게 기록되어 있지 않습니다.

066

빠삭하다의
의미를 고대 히브리어에서 유추해 볼까요?

❶ **고대 히브리어 사전**에 기록된 일반적 의미

파싸그: 나누다, 잘게 썰다, 숙고하다

❷ **국어사전**에 기록된 가까운 의미

빠삭하다: 1. 어떤 일을 자세히 알고 있어서 그 일에 대하여 환하다. - 표준국어대사전

❸ **성경에 쓰인 용례**

살피다(시 48:13)

그의 성벽을 자세히 보고 그의 궁전을 살펴서 후대에 전하라(시 48:13)

빠삭하다

פָּסַג [파싸그]

❹ **묵상 및 해석**

고대 히브리어 '파싸그'는 '나누다', '잘게 썰다', '숙고하다'와 같은 의미를 가지고 있습니다. 시편 48:13에는 '살펴서'로 표기되어 있습니다. 히브리어 '파싸그'는 우리말 '빠삭하다'를 유추하게 합니다. 우리말 '빠삭하다'는 '어떤 일을 자세히 알고 있어서 그 일에 대하여 환하다'(표준국어대사전)입니다.

❺ **참고:** 한글로 기록된 시대와 문헌

우리말 '빠삭하다'는 한글로 기록된 최초 문헌이 국어사전에 표기되어 있지 않습니다.

067

사다리('사닥다리'의 준말)의
의미를 고대 히브리어에서 유추해 볼까요?

❶ **고대 히브리어 사전**에 기록된 일반적 의미

　세데라: 계급, 배열, 질서, 널판

❷ **국어사전**에 기록된 가까운 의미

　사다리: '사닥다리'의 준말(사닥다리: 높은 곳에 오르내릴 때 발을 디딜 수 있도록 만든 도구).

❸ **성경에 쓰인 용례**

　널판(왕상 6:9), 반열(왕하 11:8)

　성전의 건축을 마치니라 그 성전은 백향목 서까래와 널판으로 덮었고(왕상 6:9)

사다리('사닥다리'의 준말)

שְׂדֵרָה [세데라]

❹ **묵상 및 해석**

고대 히브리어 '세데라'는 '계급', '배열', '질서', '널판' 등의 의미를 가지고 있습니다. 열왕기상 6:9에 '널판'으로 표기되었습니다. 히브리어 '세데라'는 우리말 '사다리'를 유추하게 합니다. 우리말 '사다리', '사닥다리'는 '높은 곳에 오르내릴 때 발을 디딜 수 있도록 만든 도구'입니다. '사다리'라는 말이 계층의 이동 통로로도 비유가 되는데, 원래 그 말속에는 계급이나 질서와 같은 의미도 담겨 있지 않을까요.

❺ **참고:** 한글로 기록된 시대와 문헌

우리말 '사다리'는 옛말인 '사드리'의 형태로 17세기 『역어유해』에 기록되었다고 합니다. 역어유해는 중국어 단어집이지만, 이 단어는 뜻을 알 수 없는 '사'와 '다리'의 뜻인 '드리'가 결합한 것이라고 『표준국어대사전』에 기록되어 있습니다.

068

사달의
의미를 고대 히브리어에서 유추해 볼까요?

❶ **고대 히브리어 사전**에 기록된 일반적 의미

싸타르: 숨다, 숨겨지다, 감추다

❷ **국어사전**에 기록된 가까운 의미

사달: 1. 사고나 탈. - 표준국어대사전

❸ **성경에 쓰인 용례**

숨기다(민 5:13), 숨다(삼상 20:5)

한 남자가 그 여자와 동침하였으나 그의 남편의 눈에 숨겨 드러나지 아니하였고 그 여자의 더러워진 일에 증인도 없고 그가 잡히지도 아니하였어도(민 5:13)

사달

סָתַר [싸타르]

❹ 묵상 및 해석

고대 히브리어 '싸타르'는 '숨다', '숨겨지다', '감추다'의 의미를 가지고 있습니다. 민수기 5:13에는 '숨겨'로 표기되어 있습니다. 히브리어 '싸타르'는 우리말 '사달'을 유추하게 합니다. 우리말 '사달'은 '사고나 탈'(표준국어대사전)입니다. 사고가 나고 탈이 나서, 어떤 숨기거나 감추어야 하는 사건이 생긴 상황이 연상됩니다.

❺ 참고: 한글로 기록된 시대와 문헌

우리말 '사달'은 한글로 기록된 최초 문헌이 국어사전에 표기되어 있지 않습니다.

069

살의
의미를 고대 히브리어에서 유추해 볼까요?

❶ **고대 히브리어 사전**에 기록된 일반적 의미

세에르: 신선함, 혈육, 음식, 살, 몸

❷ **국어사전**에 기록된 가까운 의미

살: [1.1.] 사람이나 동물의 몸에서 뼈를 둘러싸고 있는 말랑말랑한 부분.

❸ **성경에 쓰인 용례**

살(미 3:2), 육체(시 73:26)

너희가 선을 미워하고 악을 기뻐하여 내 백성의 가죽을 벗기고 그 뼈에서 살을 뜯어(미 3:2)

살

שְׁאֵר [세에르]

❹ 묵상 및 해석

고대 히브리어 '셰에르'는 '신선함', '혈육', '음식', '살', '몸' 등의 의미를 가지고 있습니다. 미가 3:2에는 '살'로 표기하고 있습니다. 히브리어 '셰에르'는 우리말 '살'을 유추하게 합니다. 우리말 '살'은 '사람이나 동물의 몸에서 뼈를 둘러싸고 있는 말랑말랑한 부분'을 의미합니다.

❺ 참고: 한글로 기록된 시대와 문헌

우리말 '살'은 옛말인 '숣, 슬'의 형태로 15세기 『석보상절』에 기록되었다고 합니다.

070

살, 살살의
의미를 고대 히브리어에서 유추해 볼까요?

❶ **고대 히브리어 사전**에 기록된 일반적 의미

쌀: 호리호리한 막대, 버드나무 광주리, 광주리

❷ **국어사전**에 기록된 가까운 의미

살: [2.1.] (창문, 부채, 연 또는 수레바퀴 따위의) 받침대가 되는 부분.

살살: [2.4.] (작은 동물 따위가) 소리 없이 가볍게 기어가는 모양을 나타냄.

❸ **성경에 쓰인 용례**

광주리(창 40:16)

떡 굽는 관원장이 그 해석이 좋은 것을 보고 요셉에게 이르되 나도 꿈에 보니 흰 떡 세 광주리가 내 머리에 있고(창 40:16)

살, 살살

סַל [쌀]

❹ 묵상 및 해석

고대 히브리어 '쌀'은 '호리호리한 막대', '버드나무 광주리', '광주리'와 같은 의미를 가지고 있습니다. 창세기 40:16에는 '광주리'로 표기되어 있습니다. 광주리를 만드는 버드나무 가지와 같이 유연한 가지를 의미합니다. 히브리어 '쌀'은 우리말 '살'이나 '살살'을 유추하게 합니다. 우리말 '살'은 '(창문, 부채, 연 또는 수레바퀴 따위의) 받침대가 되는 부분', '살살'은 '(작은 동물 따위가) 소리 없이 가볍게 기어가는 모양'을 의미합니다. 가늘지만 단단하면서도 잘 휘어지는 특징을 가진 살을 심으로 삼아 부채나 연을 만들 수 있습니다. 살짝살짝 휘어지며 부드러운 모습을 살살이라고 표현한 것이 아닐까요.

❺ 참고: 한글로 기록된 시대와 문헌

우리말 '살'은 '살'의 형태로 15세기 『석보상절』에 기록되었다고 합니다.

071

삼(삼하다)의
의미를 고대 히브리어에서 유추해 볼까요?

❶ **고대 히브리어 사전**에 기록된 일반적 의미

쌈: 향기, 향기로운 향

❷ **국어사전**에 기록된 가까운 의미

삼(삼하다): [1.] 무엇이 잊히지 않고 직접 보는 것처럼 눈앞에 아른거린다.

❸ **성경에 쓰인 용례**

향품(출 25:6), 향기로운(출 30:7)

등유와 관유에 드는 향료와 분향할 향을 만들 향품과(출 25:6)

삼(삼하다)

 [쌈]

❹ **묵상 및 해석**

고대 히브리어 '쌈'은 '향기', '향기로운 향'과 같은 의미입니다. 출애굽기 25:6에는 '향품'으로 표기되어 있습니다. 히브리어 '쌈'은 우리말 '삼삼하다'를 유추하게 합니다. 우리말 '삼(삼하다)'는 '무엇이 잊히지 않고 직접 보는 것처럼 눈앞에 아른거린다'라는 의미입니다. 맛이 삼삼하다고 하면 싱거운 듯 맛이 있다는 의미입니다. 삼삼한 좋은 향기는 잊히지 않고 사람의 기억에 오래 남겠지요.

❺ **참고: 한글로 기록된 시대와 문헌**

우리말 '삼삼하다'는 옛말인 'ᄉᆞᆷᄉᆞᆷᄒᆞ다'의 형태로 17세기 『언해두창집요』에 기록되었다고 합니다.

072

삽의
의미를 고대 히브리어에서 유추해 볼까요?

❶ 고대 히브리어 사전에 기록된 일반적 의미

싸프: 대접, 팽창, 펼쳐나감, 토대

❷ 국어사전에 기록된 가까운 의미

삽: [1.1.] 얇은 철판에 긴 나무 자루가 달려 있는, 땅을 파고 흙을 뜨는 데 쓰이는 연장.

❸ 성경에 쓰인 용례

그릇(출 12:22)

우슬초 묶음을 가져다가 그릇에 담은 피에 적셔서 그 피를 문 인방과 좌우 설주에 뿌리고 아침까지 한 사람도 자기 집 문밖에 나가지 말라(출 12:22)

삽

סַף [싸프]

❹ 묵상 및 해석

고대 히브리어 '싸프'는 '대접', '팽창', '펼쳐 나감', '토대'와 같은 의미를 가지고 있습니다. 출애굽기 12:22에는 '그릇'으로 표기되어 있습니다. 히브리어 '싸프'는 우리말 '삽'을 유추하게 합니다. 우리말 '삽'은 '얇은 철판에 긴 나무 자루가 달려 있는, 땅을 파고 흙을 뜨는 데 쓰이는 연장'을 의미합니다. 삽의 모양은 철판을 넓게 펼쳐 흙을 퍼담을 수 있는 넓적한 그릇의 형태로 만들어졌습니다.

❺ 참고: 한글로 기록된 시대와 문헌

우리말 '삽'은 옛말인 '삷'의 형태로 15세기 『분류두공부시언해(초간본)』에 기록되었다고 합니다.

073

세다의
의미를 고대 히브리어에서 유추해 볼까요?

❶ **고대 히브리어 사전**에 기록된 일반적 의미

  셴: 치아, 코끼리 상아, 날카로운 돌

❷ **국어사전**에 기록된 가까운 의미

  세다: [3.2.] (어떤 정도가) 높거나 심하다.

❸ **성경에 쓰인 용례**

  셴(삼상 7:12)

  사무엘이 돌을 취하여 미스바와 센 사이에 세워 이르되 여호와께서 여기까지 우리를 도우셨다 하고 그 이름을 에벤에셀이라 하니라(삼상 7:12)

세다

שֵׁן [셴]

❹ **묵상 및 해석**

고대 히브리어 '셴'은 '치아', '코끼리 상아', '날카로운 돌'을 의미하는 말입니다. 사무엘상 7:12에는 '셴'이라는 지명으로 표기되어 있습니다. 히브리어 '셴'은 우리말 '세다' 또는 '센'을 유추하게 합니다. 우리말 '세다'는 '(어떤 정도가) 높거나 심하다'의 의미입니다. 바람이나 불이나 물 흐름이 세다고 하면 강하고 빠른 것을 의미합니다. 산세가 세다고 하면 산의 경사가 심한 모습입니다.

❺ **참고**: 한글로 기록된 시대와 문헌

우리말 '세다'는 '세다'의 형태로 15세기 『석보상절』에 기록되었다고 합니다.

074

소의
의미를 고대 히브리어에서 유추해 볼까요?

❶ 고대 히브리어 사전에 기록된 일반적 의미

쇼르: 소, 수소, 가축

❷ 국어사전에 기록된 가까운 의미

소: [1.] 길러서 젖을 짜 먹고, 잡아서 고기를 먹고, 그 가죽을 이용하며, 농가에서 밭갈이와 달구지 끄는 데에 쓰던 풀을 먹는 큰 집짐승.

❸ 성경에 쓰인 용례

소(창 32:5)

내게 소와 나귀와 양 떼와 노비가 있으므로 사람을 보내어 내 주께 알리고 내 주께 은혜 받기를 원하나이다 하라 하였더니(창 32:5)

소
שׁוֹר [쇼르]

❹ 묵상 및 해석

고대 히브리어 '쇼르'는 '소', '수소', '가축'을 의미하는 말입니다. 창세기 32:5에는 '소'로 표기되어 있습니다. '쇼르'는 우리말 소를 유추하게 합니다. 우리말 '소'는 '길러서 젖을 짜 먹고, 잡아서 고기를 먹고, 그 가죽을 이용하며, 농가에서 밭갈이와 달구지 끄는 데에 쓰던 풀을 먹는 큰 집짐승'을 의미합니다.

❺ 참고: 한글로 기록된 시대와 문헌

우리말 '소'는 옛말인 '쇼'의 형태로 15세기 『석보상절』에 기록되었다고 합니다.

075

수그리다의
의미를 고대 히브리어에서 유추해 볼까요?

❶ **고대 히브리어 사전**에 기록된 일반적 의미

쑤그: 벗어나다, 물러나다, 후퇴하다

❷ **국어사전**에 기록된 가까운 의미

수그리다: [2.] 기세 따위를 줄이다.

❸ **성경에 쓰인 용례**

물러가다(시 53:3), 위축되다(시 44:18)

각기 물러가 함께 더러운 자가 되고 선을 행하는 자 없으니 한 사람도 없도다
(시 53:3)

수그리다

סוג [쑤그]

❹ **묵상 및 해석**

고대 히브리어 '쑤그'는 '벗어나다', '물러나다', '후퇴하다'와 같은 의미를 가지고 있습니다. 시편 53:3에는 '물러가'로 표기되어 있습니다. 히브리어 '쑤그'는 우리말 '수그리다'를 유추하게 합니다. 우리말 '수그리다'는 '기세 따위를 줄이다'라는 의미입니다.

❺ **참고**: 한글로 기록된 시대와 문헌

우리말 '수그리다'는 한글로 처음 기록된 문헌이 국어사전에 표기되어 있지 않습니다.

076

수틀리다의
의미를 고대 히브리어에서 유추해 볼까요?

❶ 고대 히브리어 사전에 기록된 일반적 의미

　슈텔라흐: 사아(소동), 테라(균열)이 결합된 이름, 수델라(인명)

❷ 국어사전에 기록된 가까운 의미

　수틀리다: 1. 마음에 들지 않다. - 표준국어대사전

❸ 성경에 쓰인 용례

　수델라(민 26:35)

　에브라임 자손의 종족들은 이러하니 수델라에게서 난 수델라 종족과 베겔에게서 난 베겔 종족과 다한에게서 난 다한 종족이며(민 26:35)

수틀리다
שׁוּתֶלַח [슈텔라흐]

❹ **묵상 및 해석**

고대 히브리어 '슈텔라흐'는 소동, 균열이 결합된 인명입니다. '소동이 나서 균열됨'이라고 이름의 의미를 추측할 수 있겠습니다. 민수기 26:35에는 '수델라'로 표기되어 있습니다. 히브리어 '슈텔라흐'는 우리말 '수틀리다'를 유추하게 합니다. 우리말 '수틀리다'는 '마음에 들지 않다'(표준국어대사전)입니다. 소동이 일어나서 사람들 사이에 균열이 생긴 상황이 수틀린 모습으로 연상됩니다.

❺ **참고**: 한글로 기록된 시대와 문헌

우리말 '수틀리다'는 한글로 기록된 최초 문헌이 국어사전에 표기되어 있지 않습니다.

077

숨다의
의미를 고대 히브리어에서 유추해 볼까요?

❶ **고대 히브리어 사전**에 기록된 일반적 의미

숨: 두다, 심다, 놓다

❷ **국어사전**에 기록된 가까운 의미

숨다: [1.2.] [주로 '숨어 있다'의 꼴로 쓰이어] 무엇이 겉으로 드러나지 않게 속에 들어 있다.

❸ **성경에 쓰인 용례**

두다(창 30:41), 덮다(출 33:22)

튼튼한 양이 새끼 밸 때에는 야곱이 개천에다가 양 떼의 눈앞에 그 가지를 두어 양이 그 가지 곁에서 새끼를 배게 하고(창 30:41)

숨다

שׂוּם [숨]

❹ **묵상 및 해석**

고대 히브리어 '숨'은 '두다', '심다', '놓다'의 의미를 가지고 있습니다. 창세기 30:41에는 '두어'로 표기되어 있습니다. '가려서 덮다'의 의미도 있습니다. 히브리어 '숨'은 우리말 '숨다', '숨', '쉼'과 같은 말을 유추하게 합니다. 우리말 '숨다'는 주로 '숨어 있다'의 꼴로 쓰이어 무엇이 겉으로 드러나지 않게 속에 들어 있다는 의미입니다.

❺ **참고**: 한글로 기록된 시대와 문헌

우리말 '숨다'는 '숨다'의 형태로 15세기 『석보상절』에 기록되었다고 합니다.

078

숲의
의미를 고대 히브리어에서 유추해 볼까요?

❶ 고대 히브리어 사전에 기록된 일반적 의미

아쑤프: 모아진, 헌물, 곳간

❷ 국어사전에 기록된 가까운 의미

숲: 나무가 무성하게 들어찬 곳. 수풀.

❸ 성경에 쓰인 용례

곳간(대상 26:15)

오벧에돔은 남쪽을 뽑았고 그의 아들들은 곳간에 뽑혔으며

(대상 26:15)

숲
אָסֻף [아쑤프]

❹ **묵상 및 해석**

고대 히브리어 '아쑤프'는 '모아진', '헌물', '곳간' 등의 의미를 가지고 있습니다. 역대상 26:15에는 '곳간'으로 표기되어 있습니다. 무엇인가 가득 차게 '모아진' 공간입니다. 히브리어 '아쑤프'는 우리말 '숲'을 유추하게 합니다. 우리말 숲은 '나무가 무성하게 들어찬 곳, 수풀'을 의미합니다. 숲은 수풀의 준말이지만, 나무숲만이 아니라 풀이 꽉 찬 풀숲도 있습니다. 모아서 가득 채운 장소를 의미하는 말은 아닐까요.

❺ **참고:** 한글로 기록된 시대와 문헌

우리말 '숲'은 옛말인 '숳'이나 '숩'의 형태로 15세기 『월인석보』에 기록되었다고 합니다.

079

시루의
의미를 고대 히브리어에서 유추해 볼까요?

❶ **고대 히브리어 사전**에 기록된 일반적 의미

씨르: 끓어오른다는 의미, 주전자, 가시, 가마, 솥

❷ **국어사전**에 기록된 가까운 의미

시루: 끓는 솥 위에 올려놓아 뜨거운 김으로 떡이나 쌀을 찌는 데에 쓰이는, 바닥에 구멍이 난 둥근 그릇.

❸ **성경에 쓰인 용례**

솥(왕상 7:45), 가시(호 2:6)

솥과 부삽과 대접들이라 히람이 솔로몬 왕을 위하여 여호와의 성전에 이 모든 그릇을 빛난 놋으로 만드니라(왕상 7:45)

시루

סִיר [씨르]

❹ **묵상 및 해석**

고대 히브리어 '씨르'는 '주전자', '가시', '가마'와 같이 끓어오르는 것과 연관된 의미를 가지고 있습니다. 열왕기상 7:45에 '솥'으로 표기되어 있습니다. 히브리어 '씨르'는 우리말 '시루'를 유추하게 합니다. 우리말 '시루'는 '끓는 솥 위에 올려놓아 뜨거운 김으로 떡이나 쌀을 찌는 데에 쓰이는, 바닥에 구멍이 난 둥근 그릇'을 의미합니다. '시루'는 솥과 같이 찌는 큰 질그릇이고, '시루떡'은 시루에 찐 떡을 의미합니다.

❺ **참고:** 한글로 기록된 시대와 문헌

우리말 '시루'는 옛말인 '시르'의 형태로 15세기 『구급방언해』에 기록되었다고 합니다.

080

신의
의미를 고대 히브리어에서 유추해 볼까요?

❶ **고대 히브리어 사전**에 기록된 일반적 의미

싸안: 신을 신다, 신 신은 군인, 용사

❷ **국어사전**에 기록된 가까운 의미

신: [1.] (집 밖에 나서 활동하거나 걷기 위하여) 주로 양말을 신고 그 위에 신는 가죽, 고무 따위로 만든 물건.

❸ **성경에 쓰인 용례**

군인(사 9:5)

어지러이 싸우는 군인들의 신과 피 묻은 겉옷이 불에 섶같이 살라지리니(사 9:5)

신
סְאוֹן [싸안]

❹ **묵상 및 해석**

고대 히브리어 '싸안'은 '신을 신다', '신을 신은 군인', '용사'와 같은 의미를 가지고 있습니다. 이사야 9:5에는 '군인들의 신'으로 표기되어 있습니다. 히브리어 '싸안'은 우리말 '신'을 유추하게 합니다. 우리말 '신'은 '(집 밖에 나서 활동하거나 걷기 위하여) 주로 양말을 신고 그 위에 신는 가죽, 고무 따위로 만든 물건'입니다. 군인들은 전장에서 험한 땅, 가시덤불, 물도 건너야 했기 때문에 군화를 신어야 했을 것입니다. 군대에서 군화와 같은 신을 먼저 발전시키지 않았을까요.

❺ **참고:** 한글로 기록된 시대와 문헌

우리말 '신'은 '신'의 형태로 15세기 『훈민정음(해례본)』에 기록되었다고 합니다.

081

싸개의
의미를 고대 히브리어에서 유추해 볼까요?

❶ **고대 히브리어 사전**에 기록된 일반적 의미

샤게: 방황하는, 사게(인명, 이스라엘인)

❷ **국어사전**에 기록된 가까운 의미

싸개: 1. 여러 사람이 둘러싸고 다투며 승강이를 하는 짓. - 표준국어대사전

❸ **성경에 쓰인 용례**

사게(대상 11:34)

기손 사람 하셈의 아들들과 하랄 사람 사게의 아들 요나단과

(대상 11:34)

싸개

שָׁגֵא [샤게]

❹ **묵상 및 해석**

고대 히브리어 '샤게'는 '방황하는'의 의미를 가지고 있습니다. 역대상 11:34에는 '사게'로 표기되어 있습니다. 히브리어 '샤게'는 우리말 '싸개', '싸개통'을 유추하게 합니다. 우리말 '싸개'는 '여러 사람이 둘러싸고 다투며 승강이를 하는 짓'(표준국어대사전)입니다. '싸개통'은 '싸개'짓에 걸린 상황입니다. 여러 사람에 둘러싸여 다투면서 방황하는 모습이 싸개통에 걸린 모습으로 연상됩니다.

❺ **참고**: 한글로 기록된 시대와 문헌

우리말 '싸개'는 한글로 기록된 최초 문헌이 국어사전에 표기되어 있지 않습니다.

082

싸그리('싹'의 속된 말)의
의미를 고대 히브리어에서 유추해 볼까요?

❶ **고대 히브리어 사전**에 기록된 일반적 의미

싸가르: 닫다, 폐쇄하다, 넘기다

❷ **국어사전**에 기록된 가까운 의미

싸그리('싹'의 속된 말): [2.1.] 남김없이 몽땅. 죄다 말끔하게.

❸ **성경에 쓰인 용례**

넘기다(삼상 24:18)

네가 나 선대한 것을 오늘 나타냈나니 여호와께서 나를 네 손에 넘기셨으나 네가 나를 죽이지 아니하였도다(삼상 24:18)

싸그리('싹'의 속된 말)
סָגַר [싸가르]

❹ **묵상 및 해석**

고대 히브리어 '싸가르'는 '닫다', '폐쇄하다', '넘기다' 등의 의미를 가지고 있습니다. 사무엘상 24:17에는 '넘기셨으나'로 표기되어 있습니다. 히브리어 '싸가르'는 우리말 '싸그리'를 유추하게 합니다. 우리말 '싸그리'는 '남김없이 몽땅, 죄다 말끔하게'를 의미합니다. 상점을 폐점하거나 물건을 넘길 때 싸그리 넘긴다면 모든 것을 다 없애거나 넘긴다는 뜻이겠지요.

❺ **참고**: 한글로 기록된 시대와 문헌

우리말 '싸그리'는 한글로 기록된 처음 문헌이 국어사전에 표기되어 있지 않습니다.

083

싸라기의
의미를 고대 히브리어에서 유추해 볼까요?

❶ **고대 히브리어 사전**에 기록된 일반적 의미

 샬라그: 눈 같다, 희다

❷ **국어사전**에 기록된 가까운 의미

 싸라기: 부스러진 쌀알.

❸ **성경에 쓰인 용례**

 눈이 날림(시 68:14)

 전능하신 이가 왕들을 그 중에서 흩으실 때에는 살몬에 눈이 날림 같도다(시 68:14)

싸라기

שֶׁלֶג [샬라그]

❹ **묵상 및 해석**

고대 히브리어 '샬라그'는 '눈 같다', '희다' 등의 의미를 가지고 있습니다. 시편 68:14에는 '눈이 날림'으로 표기되어 있습니다. '샬라그'는 우리말 '싸라기'를 유추하게 합니다. 우리말 '싸라기'는 '부스러진 쌀알'을 의미합니다. 또 유사한 형태로 눈이 내릴 때 '싸라기 눈'이라고 합니다.

❺ **참고: 한글로 기록된 시대와 문헌**

우리말 '싸라기'는 옛말인 '스라기'의 형태로 15세기『분류두공부시언해(초간본)』에 기록되었다고 합니다.

084

쏘다의
의미를 고대 히브리어에서 유추해 볼까요?

❶ 고대 히브리어 사전에 기록된 일반적 의미

쎄네: '찌르다'의 의미, 관목, 가시덤불, 가시떨기나무

❷ 국어사전에 기록된 가까운 의미

쏘다: [2.1.] (벌레 따위가) 침으로 찌르다.

❸ 성경에 쓰인 용례

가시떨기나무(신 33:16)

땅의 선물과 거기 충만한 것과 가시떨기나무 가운데에 계시던 이의 은혜로 말미암아 복이 요셉의 머리에, 그의 형제 중 구별한 자의 정수리에 임할지로다(신 33:16)

쏘다

סְנֶה [쎄네]

❹ 묵상 및 해석

고대 히브리어 '쎄네'는 '관목', '가시덤불', '가시떨기나무'와 같이 찌르는다는 의미를 가지고 있습니다. 신명기 33:16에는 '가시떨기나무'로 표기되어 있습니다. 히브리어 '쎄네'는 우리말 '쏘다'를 유추하게 합니다. 우리말 '쏘다'는 '(벌레 따위가) 침으로 찌르다'라는 의미입니다. 때로 들풀에는 쐐기벌레가 숨어 있습니다. 쏘이면 참 아픕니다. 가시나 쏘는 벌레들은 피부를 찔러 아프게 합니다.

❺ 참고: 한글로 기록된 시대와 문헌

우리말 '쏘다'는 옛말인 '쏘다'나, '쏘다', '소다' 형태로 각각 15세기 『분류두공부시언해(초간본)』, 『석보상절』, 『원각경언해』 등에 기록되었다고 합니다.

085

쏙의
의미를 고대 히브리어에서 유추해 볼까요?

❶ **고대 히브리어 사전**에 기록된 일반적 의미

쏘크: 오두막, 나무 덤불, 야생 동물의 굴

❷ **국어사전**에 기록된 가까운 의미

쏙: [1.] 몹시 내밀거나 푹 들어간 모양을 나타냄.

❸ **성경에 쓰인 용례**

굴(시 10:9), 장막(시 27:5)

사자가 자기의 굴에 엎드림같이 그가 은밀한 곳에 엎드려 가련한 자를 잡으려고 기다리며 자기 그물을 끌어당겨 가련한 자를 잡나이다(시 10:9)

쏙

סֹךְ [쏘크]

❹ **묵상 및 해석**

고대 히브리어 '쏘크'는 '오두막', '나무 덤불', '야생 동물의 굴' 등의 의미를 가지고 있습니다. 시편 10:9에는 '굴'로 표기되어 있습니다. 히브리어 '쏘크'는 우리말 '쏙'을 유추하게 합니다. 우리말 '쏙'은 '몹시 내밀거나 푹 들어간 모양'을 나타냅니다. 갯벌에 사는 '쏙'은 깊은 구멍을 만들어 서식하다가, 포식자를 만나면 구멍 속으로 빠르게 쏙 들어갑니다.

❺ **참고:** 한글로 기록된 시대와 문헌

우리말 '쏙'은 한글로 처음 기록된 문헌이 국어사전에 표기되어 있지 않습니다.

086

씨의
의미를 고대 히브리어에서 유추해 볼까요?

❶ **고대 히브리어 사전**에 기록된 일반적 의미

제라: 파종기, 씨, 종자

❷ **국어사전**에 기록된 가까운 의미

씨: [1.] 열매 속에 있는, 새로운 개체로 자라날 조직. [2.] 혈통, 또는 혈통을 이어 나가는 자식이나 자손.

❸ **성경에 쓰인 용례**

씨(창 4:25)

아담이 다시 자기 아내와 동침하매 그가 아들을 낳아 그의 이름을 셋이라 하였으니 이는 하나님이 내게 가인이 죽인 아벨 대신에 다른 씨를 주셨다 함이며(창 4:25)

씨

זֶרַע [제라]

❹ 묵상 및 해석

고대 히브리어 '제라'는 '파종기', '씨', '종자' 등의 의미를 가지고 있습니다. 창세기 4:25에는 '씨'로 표기되어 있습니다. 히브리어 '제라'는 우리말 '씨'를 유추하게 합니다. 우리말 '씨'는 '열매 속에 있는, 새로운 개체로 자라날 조직', '혈통, 또는 혈통을 이어 나가는 자식이나 자손'을 의미합니다.

❺ 참고: 한글로 기록된 시대와 문헌

우리말 '씨'는 옛말인 'ᄡᅵ'의 형태로 15세기 『월인석보』에 기록되었다고 합니다.

087

아가, 아가미의
의미를 고대 히브리어에서 유추해 볼까요?

❶ **고대 히브리어 사전**에 기록된 일반적 의미

아가브: 숨을 쉬다, 사랑하다, 연인

❷ **국어사전**에 기록된 가까운 의미

아가: [1.] '아기'를 귀엽게 이르는 말.

아가미: (물고기와 같이) 물에서 사는 동물의 머릿속에 있고, 보통 빗살 모양으로 갈라져 있으며 이곳을 통해 물속의 산소를 받아들이는 기관.

❸ **성경에 쓰인 용례**

연애하다(겔 23:7)

그가 앗수르 사람들 가운데에 잘생긴 그 모든 자들과 행음하고 누구를 연애하든지 그들의 모든 우상으로 자신을 더럽혔으며(겔 23:7)

아가, 아가미

אָגַב [아가브]

❹ **묵상 및 해석**

고대 히브리어 '아가브'는 '숨을 쉬다', '사랑하다', '연인' 등의 의미를 가지고 있습니다. 에스겔 23:7에는 '연애하든지'로 표기되어 있습니다. 히브리어 '아가브'는 우리말 '아가', '아가미'를 유추하게 합니다. 우리말 '아가'는 '아기'를 귀엽게 이르는 말, '아가미'는 '물에서 사는 동물의 머릿속에 있고 … 이곳을 통해 물속의 산소를 받아들이는 기관'을 의미합니다. 두 단어 모두 숨을 쉰다는 의미에서 공통점이 있는 것 같습니다.

❺ **참고: 한글로 기록된 시대와 문헌**

우리말 '아가'는 '아가'의 형태로 15세기 『월인석보』에 기록되었다고 합니다.

088

아가리의
의미를 고대 히브리어에서 유추해 볼까요?

❶ **고대 히브리어 사전**에 기록된 일반적 의미

　아칼: 먹다, 먹어 치우다, 즐기다, 불에 타다

❷ **국어사전**에 기록된 가까운 의미

　아가리: [3.] '입'의 속된 말.

❸ **성경에 쓰인 용례**

　먹다(신 27:7)

　또 화목제를 드리고 거기에서 먹으며 네 하나님 여호와 앞에서 즐거워하라
　(신 27:7)

아가리

אָכַל [아칼]

❹ 묵상 및 해석

고대 히브리어 '아칼'은 '먹다', '먹어 치우다', '즐기다', '불에 타다'와 같은 의미를 가지고 있습니다. 신명기 27:7에는 '먹다'로 표기되어 있습니다. 히브리어 '아칼'은 우리말 '아가리'를 유추하게 합니다. 우리말 '아가리'는 '입'의 속된 말입니다. 주로 사자와 악어와 같은 큰 동물들의 입을 '아가리'로 표현하지만, 사람에게도 속되게 말할 때 사용하기도 합니다.

❺ 참고: 한글로 기록된 시대와 문헌

우리말 '아가리'는 한글로 기록된 최초의 문헌이 국어사전에 표기되어 있지 않습니다.

089

아니(방언: 아이다)의
의미를 고대 히브리어에서 유추해 볼까요?

❶ **고대 히브리어 사전**에 기록된 일반적 의미

아인: '존재하지 않다'의 의미, 무(無), 없음, ~가 아니다

❷ **국어사전**에 기록된 가까운 의미

아니(방언: 아이다): [1.] [용언 앞에서] 부정하는 뜻을 나타냄.

❸ **성경에 쓰인 용례**

없으나(출 22:2)

도둑이 뚫고 들어오는 것을 보고 그를 쳐 죽이면 피 흘린 죄가 없으나(출 22:2)

아니(방언: 아이다)

אַיִן [아인]

❹ **묵상 및 해석**

고대 히브리어 '아인'은 '무(無)', '없음', '~가 아니다'와 같이 존재하지 않는다는 의미를 가지고 있습니다. 출애굽기 22:2에는 '없으나'로 표기되어 있습니다. 히브리어 '아인'은 우리말 '아니', '아니다'를 유추하게 합니다. 우리말 '아니'는 '[용언 앞에서] 부정하는 뜻을 나타냄'의 의미입니다. '아니다'는 '아이다'의 형태로 방언으로도 쓰이고 있습니다.

❺ **참고: 한글로 기록된 시대와 문헌**

우리말 '아니'는 '아니'의 형태로 15세기 『용비어천가』에 기록되었다고 합니다.

090

아쉽다의
의미를 고대 히브리어에서 유추해 볼까요?

❶ **고대 히브리어 사전**에 기록된 일반적 의미

아쏜: 손해, 재난, 해

❷ **국어사전**에 기록된 가까운 의미

아쉽다: [2.] 꼭 있어야 할 사람이나 물건이 없거나 모자라서 답답하고 안타깝다.

❸ **성경에 쓰인 용례**

재난(창 42:4, 38), 재해(창 44:29)

야곱이 요셉의 아우 베냐민은 그의 형들과 함께 보내지 아니하였으니 이는 그의 생각에 재난이 그에게 미칠까 두려워함이었더라(창 42:4)

아쉽다

אָסוֹן [아쏜]

❹ **묵상 및 해석**

고대 히브리어 '아쏜'은 '손해', '재난', '해'와 같은 의미를 가지고 있습니다. 창세기 42:4에는 '재난'으로 표기되어 있습니다. 히브리어 '아쏜'은 우리말 '아쉬운', '아쉽다'와 같은 말을 유추하게 합니다. 우리말 '아쉽다'는 '꼭 있어야 할 사람이나 물건이 없거나 모자라서 답답하고 안타깝다'는 의미입니다. 재난을 당하여 큰 손해를 본다면 모든 것이 아쉽겠지요.

❺ **참고:** 한글로 기록된 시대와 문헌

그 최초 기록 문헌은 국어사전에 표기되어 있지 않습니다.

091

아우의
의미를 고대 히브리어에서 유추해 볼까요?

❶ 고대 히브리어 사전에 기록된 일반적 의미

아흐: 형제, 아우, 동족, 친척

❷ 국어사전에 기록된 가까운 의미

아우: [1.] 같은 항렬에서 나이가 적은 사람을 이르는 말.

❸ 성경에 쓰인 용례

아우(창 4:2), 형제(창 9:5)

그가 또 가인의 아우 아벨을 낳았는데 아벨은 양 치는 자였고 가인은 농사하는 자였더라(창 4:2)

아우

אָח [아흐]

❹ **묵상 및 해석**

고대 히브리어 '아흐'는 '형제', '아우', '동족', '친척' 등의 의미를 가지고 있습니다. 창세기 4:2에는 '아우'로 표기되어 있습니다. 히브리어 '아흐'는 우리말 '아우'를 유추하게 합니다. 우리말 '아우'는 '같은 항렬에서 나이가 적은 사람을 이르는 말'입니다. 형(兄)이라는 말의 기원은 분명하지 않아도, '아우'라는 말에는 형제들을 통칭하는 의미가 있다고 생각됩니다.

❺ **참고**: 한글로 기록된 시대와 문헌

우리말 '아우'는 옛말인 '아ᅀ', '앗ᄋ', '앗ㆁ'의 형태로 15세기 『석보상절』등에 기록되었다고 합니다.

092

아차의
의미를 고대 히브리어에서 유추해 볼까요?

❶ **고대 히브리어 사전**에 기록된 일반적 의미

   아차: 견고하게 하다, 눈을 감다

❷ **국어사전**에 기록된 가까운 의미

   아차: [1.] 잘못된 것을 갑자기 깨달았을 때 내는 소리.

❸ **성경에 쓰인 용례**

   감다(잠 16:30)

   눈짓을 하는 자는 패역한 일을 도모하며 입술을 닫는 자는 악한 일을 이루느니라(잠 16:30)

아차

עָצָה [아차]

❹ **묵상 및 해석**

고대 히브리어 '아차'는 '견고하게 하다', '눈을 감다'와 같은 의미를 가지고 있습니다. 잠언 16:30에는 '눈짓을'로 표기되어 있습니다. 눈을 감고 뜨는 윙크와 같은 신호를 주는 동작을 의미합니다. 히브리어 '아차'는 우리말 '아차'를 유추하게 합니다. 우리말 '아차'는 '잘못된 것을 갑자기 깨달았을 때 내는 소리'입니다. 눈을 감았다 뜨는 짧은 시간에 어떤 잘못을 깨닫게 되었을 때 '아차' 하고 탄식하게 됩니다.

❺ **참고:** 한글로 기록된 시대와 문헌

우리말 '아차'는 한글로 기록된 최초의 문헌이 국어사전에 표기되어 있지 않습니다.

093

알리다의
의미를 고대 히브리어에서 유추해 볼까요?

❶ **고대 히브리어 사전**에 기록된 일반적 의미

알릴라: 일, 하나님의 크신 일, 사람의 일

❷ **국어사전**에 기록된 가까운 의미

알리다: [2.] (다른 사람에게 어떠한 것에 대한 지식 등을) 소개하여 알게 하다.

❸ **성경에 쓰인 용례**

행하신 일(대상 16:8)

(cf. 번역상 '알릴지어다'는 '야다', '행하신 일'은 '알릴라')

너희는 여호와께 감사하며 그의 이름을 불러 아뢰며 그가 행하신 일을 만민 중에 알릴지어다(대상 16:8)

알리다
עֲלִילָה [알릴라]

❹ 묵상 및 해석

고대 히브리어 '알릴라'는 '일', '하나님의 크신 일', '사람의 일' 등의 의미를 가지고 있습니다. 역대상 16:8에는 '행하신 일'로 표기되어 있습니다. 히브리어 '알릴라'는 우리말 '알리다'를 유추하게 합니다. 우리말 '알리다'는 '(다른 사람에게 어떠한 것에 대한 지식 등을) 소개하여 알게 하다'라는 의미입니다.

❺ 참고: 한글로 기록된 시대와 문헌

우리말 '알리다'는 옛말인 '알외다'의 형태로 15세기 『월인천강지곡』에 기록되었다고 합니다.

094

앞의
의미를 고대 히브리어에서 유추해 볼까요?

❶ **고대 히브리어 사전**에 기록된 일반적 의미

　아프: 호흡하는 곳, 코, 콧구멍, 얼굴

❷ **국어사전**에 기록된 가까운 의미

　앞: [1.] 향하고 있는 쪽이나 곳.

❸ **성경에 쓰인 용례**

　코(창 2:7, 삼하 22:9, 시 115:6), 얼굴(창 3:19, 삼상 25:41)

　여호와 하나님이 땅의 흙으로 사람을 지으시고 생기를 그 코에 불어넣으시니 사람이 생령이 되니라(창 2:7)

앞

אַף [아프]

❹ **묵상 및 해석**

고대 히브리어 '아프'는 '호흡하는 곳', '코', '콧구멍', '얼굴', '분노' 등의 의미를 가지고 있습니다. 창세기 2:7에는 '코'로 표기되어 있습니다. 히브리어 '아프'는 우리말 '앞'을 유추하게 합니다. 우리말 '앞'은 '향하고 있는 쪽이나 곳'입니다. 머리의 전면부, 즉 앞쪽에는 얼굴이 있고 코, 눈, 입 등이 배치되어 있습니다.

❺ **참고:** 한글로 기록된 시대와 문헌

우리말 '앞'은 옛말인 '앒'의 형태로 15세기『용비어천가』에 기록되었다고 합니다.

095

야리다의
의미를 고대 히브리어에서 유추해 볼까요?

❶ **고대 히브리어 사전**에 기록된 일반적 의미

야레: 떨다, 두려워하다, 경외하다, 무서운

❷ **국어사전**에 기록된 가까운 의미

야리다: '째려보다'라는 의미로 쓰이나 현재 표준어가 아니다(국어사전 없음).

❸ **성경에 쓰인 용례**

두렵다(창 18:15)

사라가 두려워서 부인하여 이르되 내가 웃지 아니하였나이다 이르시되 아니라 네가 웃었느니라(창 18:15)

야리다

יָרֵא [야레]

❹ 묵상 및 해석

고대 히브리어 '야레'는 '떨다', '두려워하다', '경외하다', '무서운' 등의 의미를 가지고 있습니다. 창세기 18:15에는 '두려워서'로 표기되어 있습니다. 히브리어 '야레'는 우리말 '야리다'를 유추하게 합니다. 우리말 '야리다'는 표준어가 아닌 것으로 국어사전에 기록되어 있습니다. 방언이나 속어에서 사용하는 '야리다'는 무섭게 노려보다, 쨰려보다와 같은 의미입니다.

❺ 참고: 한글로 기록된 시대와 문헌

우리말 '야리다'는 한글로 기록된 최초 문헌이 국어사전에 표기되어 있지 않습니다..

096

약, 약올리다의
의미를 고대 히브리어에서 유추해 볼까요?

❶ **고대 히브리어 사전**에 기록된 일반적 의미

야가: 마음고생을 하다, 고통받다, 슬프다

❷ **국어사전**에 기록된 가까운 의미

약: (화가 날 때의) 언짢거나 분한 감정.

약올리다: (다른 사람의 비위를 거슬러) 언짢거나 분한 감정이 일어나게 하다.

❸ **성경에 쓰인 용례**

괴롭게 하다(사 51:23)

그 잔을 너를 괴롭게 하던 자들의 손에 두리라 그들은 일찍이 네게 이르기를 엎드리라 우리가 넘어가리라 하던 자들이라 너를 넘어가려는 그들에게 네가 네 허리를 땅과 같게, 길거리와 같게 하였느니라 하시니라(사 51:23)

약, 약올리다

יָגָה [야가]

❹ **묵상 및 해석**

고대 히브리어 '야가'는 '마음고생을 하다', '고통받다', '슬프다' 등의 의미를 가지고 있습니다. 이사야 51:23에는 '괴롭게 하던'으로 표기되어 있습니다. 히브리어 '야가'는 우리말 '약', '약올리다'를 유추하게 합니다. 우리말 '약'은 '(화가 날 때의) 언짢거나 분한 감정', '약올리다'는 '(다른 사람의 비위를 거슬러) 언짢거나 분한 감정이 일어나게 하다'라는 의미입니다. 자기가 약이 오르거나, 타인을 약올리면 마음고생을 하고, 고통받고, 슬퍼지겠지요.

❺ **참고:** 한글로 기록된 시대와 문헌

우리말 '약'은 한글로 기록된 최초의 문헌이 국어사전에 표기되어 있지 않습니다.

097

얍삽하다의
의미를 고대 히브리어에서 유추해 볼까요?

❶ **고대 히브리어 사전**에 기록된 일반적 의미

야싸프: 더하다, 느리다, 어떤 것을 덧붙이다

❷ **국어사전**에 기록된 가까운 의미

얍삽하다: 1. (속되게) 사람이 얕은꾀를 쓰면서 자신의 이익만을 챙기려는 태도가 있다. - 표준국어대사전

❸ **성경에 쓰인 용례**

더하다(레 22:14), 가감하다(신 12:32)

만일 누가 부지중에 성물을 먹으면 그 성물에 그것의 오분의 일을 더하여 제사장에게 줄지니라(레 22:14)

얍삽하다

יָסַף [야싸프]

❹ 묵상 및 해석

고대 히브리어 '야싸프'는 '더하다', '느리다', '어떤 것을 덧붙이다'와 같은 의미를 가지고 있습니다. 레위기 22:14에는 '더하여'로 표기되어 있습니다. 히브리어 '야싸프'는 우리말 '얍삽하다'를 유추하게 합니다. 우리말 '얍삽하다'는 '얕은 꾀로 자신의 이익만을 챙기는 태도'를 의미합니다. 이기적으로 조금씩 무엇인가를 더하는 행동입니다.

❺ 참고: 한글로 기록된 시대와 문헌

우리말 '얍삽하다'는 한글로 기록된 최초 문헌이 국어사전에 표기되어 있지 않습니다.

098

여울의
의미를 고대 히브리어에서 유추해 볼까요?

❶ **고대 히브리어 사전**에 기록된 일반적 의미

예오르: 강, 하수, 나일강, 티그리스강, 도랑, 수로, 운하

❷ **국어사전**에 기록된 가까운 의미

여울: 강이나 바다의 바닥이 얕거나 폭이 좁거나 하여, 물살이 세차게 흐르는 곳.

❸ **성경에 쓰인 용례**

강(창 41:1), 수로(욥 28:10)

만 이 년 후에 바로가 꿈을 꾼즉 자기가 나일강 가에 서 있는데
(창 41:1)

여울

יְאֹר [예오르]

❹ **묵상 및 해석**

고대 히브리어 '예오르'는 '강', '나일강', '티그리스강', '도랑', '수로', '운하' 등의 의미를 가지고 있습니다. 창세기 41:1에는 '강'으로 표기되어 있습니다. 히브리어 '예오르'는 우리말 '여울'을 유추하게 합니다. 우리말 '여울'은 '강이나 바다의 바닥이 얕거나 폭이 좁거나 하여, 물살이 세차게 흐르는 곳'을 의미합니다.

❺ **참고: 한글로 기록된 시대와 문헌**

우리말 '여울'은 옛말인 '여흘' 형태로 15세기 『몽산화상법어약록언해』에 기록되었다고 합니다.

099

예쁘다의
의미를 고대 히브리어에서 유추해 볼까요?

❶ **고대 히브리어 사전**에 기록된 일반적 의미

야파: 빛나다, 아름답다

❷ **국어사전**에 기록된 가까운 의미

예쁘다: [1.] 생긴 모양이 아름답고 귀엽다.

❸ **성경에 쓰인 용례**

아름답다(아 4:10)

내 누이, 내 신부야 네 사랑이 어찌 그리 아름다운지 네 사랑은 포도주보다 진하고 네 기름의 향기는 각양 향품보다 향기롭구나(아 4:10)

예쁘다

יָפָה [야파]

❹ **묵상 및 해석**

고대 히브리어 '야파'는 '빛나다', '아름답다' 등의 의미를 가지고 있습니다. 아가서 4:10에는 '아름다운지'로 표기되어 있습니다. 히브리어 '야파'는 우리말 '예쁘다'를 유추하게 합니다. 우리말 '예쁘다'는 '생긴 모양이 아름답고 귀엽다'의 의미입니다.

❺ **참고: 한글로 기록된 시대와 문헌**

우리말 '예쁘다'는 '어엿브다', '어옛브다' 형태로 15세기 『월인천강지곡』 등에 기록되었다고 합니다.

100

오르다의
의미를 고대 히브리어에서 유추해 볼까요?

❶ **고대 히브리어 사전**에 기록된 일반적 의미

올라: 제단 위에 드려진 것, 번제, 상승, 계단, 올라가다

❷ **국어사전**에 기록된 가까운 의미

오르다: [1.] 낮은 데서 높은 데로, 아래에서 위로 움직이다. 이동하다.

❸ **성경에 쓰인 용례**

번제(창 8:20), 올라가다(겔 40:26)

노아가 여호와께 제단을 쌓고 모든 정결한 짐승과 모든 정결한 새 중에서 제물을 취하여 번제로 제단에 드렸더니(창 8:20)

오르다
עֹלָה [올라]

❹ **묵상 및 해석**

고대 히브리어 '올라'는 '제단 위에 드려진 것', '번제', '상승', '계단', '올라가다'와 같은 의미를 가지고 있습니다. 창세기 8:20에는 '번제'로 표기되어 있습니다. 히브리어 '올라'는 우리말 '오르다', '올라가다', '오름'과 같은 말을 유추하게 합니다. 우리말 '오르다'는 '낮은 데서 높은 데로, 아래에서 위로 움직이다, 이동하다'의 의미입니다. 번제의 연기는 위로 올라갑니다.

❺ **참고:** 한글로 기록된 시대와 문헌

우리말 '오르다'는 옛말인 '오르다'의 형태로 15세기 『용비어천가』에 기록되었다고 합니다.

101

오므리다의
의미를 고대 히브리어에서 유추해 볼까요?

❶ **고대 히브리어 사전**에 기록된 일반적 의미

오므리: 아마르(עָמַר: 가깝게 묶다, 쌓아 올리다)에서 유래, 쌓아 올리는, 오므리(인명)

❷ **국어사전**에 기록된 가까운 의미

오므리다: 퍼져 있던 것을 끝을 둥글게 말아 조그맣게 하다.

❸ **성경에 쓰인 용례**

오므리(왕상 16:16)

진 중 백성들이 시므리가 모반하여 왕을 죽였다는 말을 들은지라 그날에 이스라엘의 무리가 진에서 군대 지휘관 오므리를 이스라엘의 왕으로 삼으매(왕상 16:16)

오므리다

עָמְרִי [오므리]

❹ 묵상 및 해석

고대 히브리어 '오므리'는 '아마르(עָמַר: '가깝게 묶다', '쌓아 올리다')'에서 유래한 말로, '쌓아 올리는'의 의미를 가지고 있습니다. 열왕기상 16:6에는 인명인 '오므리'로 표기되어 있습니다. 히브리어 '오므리'는 우리말 '오므리다'를 유추하게 합니다. 우리말 '오므리다'는 '펴져 있던 것을 끝을 둥글게 말아 조그맣게 하다'라는 의미입니다. 자루의 입구를 오므려서 끈으로 묶을 수 있습니다.

❺ 참고: 한글로 기록된 시대와 문헌

우리말 '오므리다'는 한글로 기록된 최초 문헌이 국어사전에 표기되어 있지 않습니다.

102

올레의
의미를 고대 히브리어에서 유추해 볼까요?

❶ 고대 히브리어 사전에 기록된 일반적 의미

  오라흐: 길, 통로, 행실, 월경

❷ 국어사전에 기록된 가까운 의미

  올레-길: 003. …마을의 큰길과 연결된 집 앞의 골목길을 이르는 제주도 방언에서 유래한 말이다. - 우리말샘

❸ 성경에 쓰인 용례

  길(창 49:17, 욥 19:8, 잠 1:19)

  단은 길섶의 뱀이요 샛길의 독사로다 말굽을 물어서 그 탄 자를 뒤로 떨어지게 하리로다(창 49:17)

올레

אֹרַח [오라흐]

❹ 묵상 및 해석

고대 히브리어 '오라흐'는 '길', '통로', '행실', '월경' 등의 의미를 가지고 있습니다. 창 49:17에는 '샛길'로 표기되어 있습니다. 히브리어 '오라흐'는 우리말 '올레'를 유추하게 합니다. 우리말 '올레-길'은 '…마을의 큰길과 연결된 집 앞의 골목길을 이르는 제주도 방언에서 유래한 말'(우리말샘)입니다.

❺ 참고: 한글로 기록된 시대와 문헌

우리말 '올레'는 한글로 기록된 최초 문헌이 국어사전에 표기되어 있지 않습니다.

103

요, 요래, 요렇게의
의미를 고대 히브리어에서 유추해 볼까요?

❶ **고대 히브리어 사전**에 기록된 일반적 의미

    요레: 흩뿌리기, 물 뿌리기, 첫 비, 이른 비

❷ **국어사전**에 기록된 가까운 의미

    요, 요래, 요렇게: [3.] ['이'보다 좀더 가까이 있는 사물이나 장소, 시간 따위를 가리켜서] '바로 이', '요기의'.

❸ **성경에 쓰인 용례**

    이른 비(신 11:14)

    여호와께서 너희의 땅에 이른 비, 늦은 비를 적당한 때에 내리시리니 너희가 곡식과 포도주와 기름을 얻을 것이요(신 11:14)

요, 요래, 요렇게

יוֹרֶה [요레]

❹ **묵상 및 해석**

고대 히브리어 '요레'는 '흩뿌리기', '물 뿌리기', '첫 비', '이른 비'와 같은 의미를 가지고 있습니다. 신명기 11:14에는 '이른 비'로 표기되어 있습니다. 히브리어 '요레'는 우리말 '요렇게'나 '요래요래'와 같은 말을 유추하게 합니다. 우리말 '요래'는 '…바로 이, 요기의'의 의미입니다. '요렇게 하라'는 요런 모양으로 하라는 의미입니다.

❺ **참고:** 한글로 기록된 시대와 문헌

우리말 '요래'는 한글로 기록된 최초 문헌이 국어사전에 표기되어 있지 않습니다.

104

요맘(때)의
의미를 고대 히브리어에서 유추해 볼까요?

❶ 고대 히브리어 사전에 기록된 일반적 의미

　요맘: 낮에, 날마다, 매일

❷ 국어사전에 기록된 가까운 의미

　요맘(때): 1. 요만큼 된 때. - 표준국어대사전

❸ 성경에 쓰인 용례

　낮(출 13:21), 주야(레 8:35)

여호와께서 그들 앞에서 가시며 낮에는 구름 기둥으로 그들의 길을 인도하시고 밤에는 불 기둥을 그들에게 비추사 낮이나 밤이나 진행하게 하시니(출 13:21)

요맘(때)

יוֹמָם [요맘]

❹ 묵상 및 해석

고대 히브리어 '요맘'은 '낮에', '날마다', '매일' 등의 의미를 가지고 있습니다. 출애굽기 13:21에는 '낮'으로 표기되어 있습니다. 히브리어 '요맘'은 우리말 '요맘때'를 유추하게 합니다. 우리말 '요맘때'는 '요만큼 된 때'(표준국어대사전)입니다.

❺ 참고: 한글로 기록된 시대와 문헌

우리말 '요맘때'는 한글로 기록된 최초 문헌이 국어사전에 표기되어 있지 않습니다.

105

우람하다, 아름의
의미를 고대 히브리어에서 유추해 볼까요?

❶ **고대 히브리어 사전**에 기록된 일반적 의미

   람: 높은, 람(인명)

❷ **국어사전**에 기록된 가까운 의미

   우람하다: [1.] 매우 웅장하고 위엄이 있다.

   아름: [2.] 두 팔을 벌려 껴안은 둘레의 길이나 물건의 양을 나타내는 단위를 나타내는 말.

❸ **성경에 쓰인 용례**

   람(룻 4:19)

   헤스론은 람을 낳았고 람은 암미나답을 낳았고(룻 4:19)

우람하다, 아름

[람]

❹ 묵상 및 해석

고대 히브리어 '람'은 '높은'이라는 의미를 가지고 있습니다. 룻기 4:19에는 '람'이라는 인명으로 표기되어 있습니다. 히브리어 '람'은 우리말 '우람', '아름'을 유추하게 합니다. 우리말 '우람하다'는 '매우 웅장하고 위엄이 있다', '아름'은 '두 팔을 벌려 껴안은 둘레의 길이나 물건의 양을 나타내는 단위를 나타내는 말'을 의미합니다.

❺ 참고: 한글로 기록된 시대와 문헌

'아름'은 둘레의 의미일 때는 '아름'으로, 안다는 의미일 때는 '알음'으로 15세기부터 기록되었다고 합니다.

106

움(집)의
의미를 고대 히브리어에서 유추해 볼까요?

❶ **고대 히브리어 사전**에 기록된 일반적 의미

움마: 나라, 민족, 백성

❷ **국어사전**에 기록된 가까운 의미

움(집): [2.] 땅을 파고 그 위를 거적 따위로 덮어서 추위나 비바람을 막게 한 곳.

❸ **성경에 쓰인 용례**

족속(창 25:16), 백성(민 25:15, 시 117:1)

이들은 이스마엘의 아들들이요 그 촌과 부락대로 된 이름이며 그 족속대로는 열두 지도자들이었더라(창 25:16)

움(집)

אֻמָּה [움마]

❹ 묵상 및 해석

고대 히브리어 '움마'는 '나라', '민족', '백성' 등의 의미를 가지고 있습니다. 창세기 25:16에는 '족속'으로 표기되어 있습니다. 히브리어 '움마'는 우리말 '움'이나 '움막'을 유추하게 합니다. 우리말 '움'은 '땅을 파고 그 위를 거적 따위로 덮어서 추위나 비바람을 막게 한 곳'의 의미입니다. '움막'은 움에다 임시로 지은 집을 의미합니다. 가족이 함께 거주하는 가장 작은 장소가 집입니다. 움막으로부터 족속이나 민족과 같은 보다 큰 공동체가 시작된 것은 아닐까요.

❺ 참고: 한글로 기록된 시대와 문헌

우리말 '움'은 옛말인 '욿'의 형태로 15세기 『용비어천가』에 기록되었다고 합니다.

107

움츠리다의
의미를 고대 히브리어에서 유추해 볼까요?

❶ **고대 히브리어 사전**에 기록된 일반적 의미

우츠: 촉구하다, 서둘다, 옹색해지다

❷ **국어사전**에 기록된 가까운 의미

움츠리다: (몸이나 몸의 일부를) 급히 우그려 작게 만들거나 안쪽으로 들여보내다.

❸ **성경에 쓰인 용례**

좁다(수 17:15), 물러가다(렘 17:16), 독촉하다(출 5:13)

여호수아가 그들에게 이르되 네가 큰 민족이 되므로 에브라임 산지가 네게 너무 좁을진대 브리스 족속과 르바임 족속의 땅 삼림에 올라가서 스스로 개척하라 하니라(수 17:15)

움츠리다

אוּץ [우츠]

❹ 묵상 및 해석

고대 히브리어 '우츠'는 '촉구하다', '서둘다', '옹색해지다'와 같은 의미를 가지고 있습니다. 여호수아 17:15에는 '좁을진대'로 표기되어 있습니다. 히브리어 '우츠'는 우리말 '움츠리다'를 유추하게 합니다. 우리말 '움츠리다'는 '(몸이나 몸의 일부를) 급히 우그려 작게 만들거나 안쪽으로 들여보내다'라는 의미입니다.

❺ 참고: 한글로 기록된 시대와 문헌

우리말 '움츠리다'는 옛말인 '욿다'나 '움치다'와 같은 형태로 15세기 『능엄경언해』 등의 문헌에 기록되었다고 합니다.

108

이(리), 이(빨)의
의미를 고대 히브리어에서 유추해 볼까요?

❶ **고대 히브리어 사전**에 기록된 일반적 의미

이: 울부짖음, 울부짖는 짐승

❷ **국어사전**에 기록된 가까운 의미

이리: [1.] 개나 늑대와 비슷하게 생겼으나 몸집이 크고 사나운 야생 동물.

❸ **성경에 쓰인 용례**

승냥이(사 13:22), 들짐승(사 34:14, 렘 50:39)

그의 궁성에는 승냥이가 부르짖을 것이요 화려하던 궁전에는 들개가 울 것이라 그의 때가 가까우며 그의 날이 오래지 아니하리라(사 13:22)

이(리), 이(빨)

 [이]

❹ 묵상 및 해석

고대 히브리어 '이'는 '울부짖음', '울부짖는 짐승' 등의 의미를 가지고 있습니다. 이사야 13:22에는 '승냥이'로 표기되어 있습니다. 히브리어 '이'는 우리말 '이리', '이(빨)'를 유추하게 합니다. 우리말 '이리'는 '개나 늑대와 비슷하게 생겼으나 몸집이 크고 사나운 야생 동물'입니다. 이(빨)를 드러내며 울부짖는 모습에서 이리와 같은 짐승의 모습이 연상됩니다.

❺ 참고: 한글로 기록된 시대와 문헌

우리말 '이리'는 옛말인 '일히'의 형태로 15세기 『석보상절』에 기록되었다고 합니다.

109

이르다의
의미를 고대 히브리어에서 유추해 볼까요?

❶ 고대 히브리어 사전에 기록된 일반적 의미

이르아: 두려워함, 두려움, 존경

❷ 국어사전에 기록된 가까운 의미

이르다: [1.2.] (남의 잘못이나 실수 따위를) 말하여 알게 하다.

❸ 성경에 쓰인 용례

두려워함(창 20:11)

아브라함이 이르되 이곳에서는 하나님을 두려워함이 없으니 내 아내로 말미암아 사람들이 나를 죽일까 생각하였음이요(창 20:11)

이르다

יִרְאָה [이르아]

❹ **묵상 및 해석**

고대 히브리어 '이르아'는 '두려워함', '두려움', '존경' 등의 의미를 가지고 있습니다. 창세기 20:11에는 '두려워함'으로 표기되어 있습니다. 히브리어 '이르아'는 우리말 '이르다'를 유추하게 합니다. 우리말 '이르다'는 '(남의 잘못이나 실수 따위를) 말하여 알게 하다'의 의미입니다. 주인이나 윗사람에게 이른다는 것은 마음속에 어떤 두려움이나 공포감이 있기 때문입니다.

❺ **참고**: 한글로 기록된 시대와 문헌

우리말 '이르다'는 '니르다'의 형태로 15세기 『석보상절』에 기록되었다고 합니다.

110

이바지의
의미를 고대 히브리어에서 유추해 볼까요?

❶ **고대 히브리어 사전**에 기록된 일반적 의미

아바드: 만들다, 만들어지다, 행하다

❷ **국어사전**에 기록된 가까운 의미

이바지: [1.] (어떤 일이나 사회에 이익을 위하여) 직접 돕거나 힘을 쓰는 일.

❸ **성경에 쓰인 용례**

준행하다(스 6:13), 만들다(단 3:1)

다리오 왕의 조서가 내리매 유브라데 강 건너편 총독 닷드내와 스달보스내와 그들의 동관들이 신속히 준행하니라(스 6:13)

이바지

עָבַד [아바드]

❹ **묵상 및 해석**

고대 히브리어 '아바드'는 '만들다', '만들어지다', '행하다' 등의 의미를 가지고 있습니다. 에스라 6:13에는 '준행하니라'로 표기되어 있습니다. 히브리어 '아바드'는 우리말 '이바지'를 유추하게 합니다. 우리말 '이바지'는 '(어떤 일이나 사회에 이익을 위하여) 직접 돕거나 힘을 쓰는 일'을 의미합니다. 또 '(결혼 후에 신부가 시댁으로 가져가는) 정성 들여 준비한 음식'을 의미합니다. 모두 힘써 만드는 일들입니다.

❺ **참고: 한글로 기록된 시대와 문헌**

우리말 '이바지'는 과거에 옛말인 '이바디' 형태로 쓰였는데 그 뜻은 '잔치'라고 합니다. 우리말 '이바디'는 15세기 『용비어천가』에 기록되었다고 합니다.

111

일나다, 일어나다, 이라의
의미를 고대 히브리어에서 유추해 볼까요?

❶ 고대 히브리어 사전에 기록된 일반적 의미

이라: 깨어 있음, 이라(인명, 이스라엘인)

❷ 국어사전에 기록된 가까운 의미

일어나다: [2.] (잠에서 깨어나, 잠자리에서) 몸을 일으키다.

❸ 성경에 쓰인 용례

이라(삼하 20:26)

야일 사람 이라는 다윗의 대신이 되니라(삼하 20:26)

일나다, 일어나다, 이랴

עִירָא [이라]

❹ **묵상 및 해석**

고대 히브리어 '이라'는 '깨어 있음'의 의미를 가지고 있습니다. 사무엘하 20:26에는 인명 '이라'로 표기되어 있습니다. 히브리어 '이라'는 우리말 '일나다', '일어나다', '이랴'를 유추하게 합니다. 우리말 '일나다'는 '일어나다', 즉 '(잠에서 깨어나, 잠자리에서) 몸을 일으키다'라는 의미입니다. '이랴'는 소나 말을 일깨워 움직이도록 하는 소리입니다.

❺ **참고**: 한글로 기록된 시대와 문헌

우리말 '일어나다'는 옛말인 '이러나다'나 '니러나다'의 형태로 15세기 『월인석보』에 기록되었다고 합니다.

112

임, 님(존칭)의
의미를 고대 히브리어에서 유추해 볼까요?

❶ **고대 히브리어 사전**에 기록된 일반적 의미

임: 함께, 동시에, 더욱

❷ **국어사전**에 기록된 가까운 의미

임, 님(존칭): 사모의 대상의 되는 사람. 사랑하고 그리워하는 사람.

❸ **성경에 쓰인 용례**

함께(창 21:22)

그때에 아비멜렉과 그 군대 장관 비골이 아브라함에게 말하여 이르되 네가 무슨 일을 하든지 하나님이 너와 함께 계시도다(창 21:22)

임, 님(존칭)

עִם [임]

❹ 묵상 및 해석

고대 히브리어 '임'은 '함께', '동시에', '더욱' 등의 의미를 가지고 있습니다. 창세기 21:22에는 '함께'로 기록되어 있습니다. 히브리어 '임'은 우리말 '임', '님'을 유추하게 합니다. 우리말 '임'은 '사모의 대상의 되는 사람, 사랑하고 그리워하는 사람'을 의미합니다. '님'은 '선생님'과 같은 형태로 존칭으로 쓰이고 있습니다. '임'은 나와 함께 있는 사람의 의미가 아닐까요.

❺ 참고: 한글로 기록된 시대와 문헌

우리말 '임'은 옛말인 '님'의 형태로 15세기 『월인석보』에 기록되었다고 합니다. '님'은 옛말이 아니라 현재도 '선생님', '형님'과 같은 말에 쓰이는데 단지 존칭이 아니라 함께하는 분이라는 말로 쓰이고 있는 것이 아닐까요?

113

자라다의
의미를 고대 히브리어에서 유추해 볼까요?

❶ **고대 히브리어 사전**에 기록된 일반적 의미

자라흐: 오르다, 돋다, 떠오르다, 일어나다(피부병)

❷ **국어사전**에 기록된 가까운 의미

자라다: [1.1.] 생물이 부분적으로 또는 전체적으로 크기나 부피가 커지다.

❸ **성경에 쓰인 용례**

돋다(출 22:3)

해 돋은 후에는 피 흘린 죄가 있으리라 도둑은 반드시 배상할 것이나 배상할 것이 없으면 그 몸을 팔아 그 도둑질한 것을 배상할 것이요(출 22:3)

자라다

זָרַח [자라흐]

❹ **묵상 및 해석**

고대 히브리어 '자라흐'는 '오르다', '돋다', '떠오르다', '일어나다' 등의 의미를 가지고 있습니다. 출애굽기 22:3에는 '돋은'으로 표기되어 있습니다. 문맥은 '해가 돋은 후'라는 의미입니다. 히브리어 '자라흐'는 우리말 '자라다'를 유추하게 합니다. 우리말 '자라다'는 '생물이 부분적으로 또는 전체적으로 크기나 부피가 커지다'라는 의미입니다.

❺ **참고:** 한글로 기록된 시대와 문헌

우리말 '자라다'는 옛말인 'ᄌᆞ라다' 형태로 15세기 『석보상절』에 기록되었다고 합니다.

114

자루의
의미를 고대 히브리어에서 유추해 볼까요?

❶ **고대 히브리어 사전**에 기록된 일반적 의미

체로르: 꾸러미, 낱알, 뭉치, 싸개

❷ **국어사전**에 기록된 가까운 의미

자루: [1.1.] 주로 곡식을 담는 데 쓰는, 헝겊이나 가죽 따위로 만든 크고 긴 주머니.

❸ **성경에 쓰인 용례**

주머니(욥 14:17)

주는 내 허물을 주머니에 봉하시고 내 죄악을 싸매시나이다(욥 14:17)

자루

צְרוֹר [체로르]

❹ **묵상 및 해석**

고대 히브리어 '체로르'는 '꾸러미', '낟알', '뭉치', '싸개', '주머니' 등의 의미를 가지고 있습니다. 히브리어 '체로르'는 우리말 '자루'를 유추하게 합니다. 우리말 '자루'는 '주로 곡식을 담는 데 쓰는, 헝겊이나 가죽 따위로 만든 크고 긴 주머니'를 의미합니다.

❺ **참고:** 한글로 기록된 시대와 문헌

우리말 '자루'는 옛말인 '쟈ᄅᆞ'의 형태로 15세기『훈몽자회』에 기록되었다고 합니다.

115

잡다의
의미를 고대 히브리어에서 유추해 볼까요?

❶ 고대 히브리어 사전에 기록된 일반적 의미

자바흐: 살육하다, 제사드리다, 살해하다

❷ 국어사전에 기록된 가까운 의미

잡다: [2.1.] 집에서 기르는 짐승을 먹기 위해 죽이다.

❸ 성경에 쓰인 용례

잡다(신 12:21), 제사드리다(신 16:2)

만일 네 하나님 여호와께서 자기 이름을 두시려고 택하신 곳이 네게서 멀거든 내가 네게 명령한 대로 너는 여호와께서 주신 소와 양을 잡아 네 각 성에서 네가 마음에 원하는 모든 것을 먹되(신 12:21)

잡다

זָבַח [자바흐]

❹ 묵상 및 해석

고대 히브리어 '자바흐'는 '살육하다', '제사드리다', '살해하다' 등의 의미를 가지고 있습니다. 신명기 12:21에는 '잡다'로 표기되어 있습니다. 히브리어 '자바흐'는 우리말 '잡다'를 유추하게 합니다. 우리말 '잡다'는 '집에서 기르는 짐승을 먹기 위해 죽이다'의 의미입니다.

❺ 참고: 한글로 기록된 시대와 문헌

우리말 '잡다'는 '잡다'의 형태로 15세기 『용비어천가』에 기록되었다고 합니다.

116

쟁기의
의미를 고대 히브리어에서 유추해 볼까요?

❶ **고대 히브리어 사전**에 기록된 일반적 의미

아젠: 기구, 무기

❷ **국어사전**에 기록된 가까운 의미

쟁기: 소나 말에 매어 논밭을 가는, 세모꼴의 쇠붙이 삽이 달린 기구.

❸ **성경에 쓰인 용례**

기구(신 23:13)

네 기구에 작은 삽을 더하여 밖에 나가서 대변을 볼 때에 그것으로 땅을 팔 것이요 몸을 돌려 그 배설물을 덮을지니(신 23:13)

쟁기

אֵת [아젠]

❹ **묵상 및 해석**

고대 히브리어 '아젠'은 '기구', '무기' 등의 의미를 가지고 있습니다. 신명기 23:13에는 '기구'로 표기되어 있습니다. 히브리어 '아젠'은 우리말 '쟁기'를 유추하게 합니다. 우리말 '쟁기'는 소나 말에 매어 논밭을 가는, 세모꼴의 쇠붙이 삽이 달린 기구'의 의미입니다.

❺ **참고**: 한글로 기록된 시대와 문헌

우리말 '쟁기'는 옛말인 '잠개'의 형태로 15세기 『월인천강지곡』에 기록되었다고 합니다.

117

절(하다)의
의미를 고대 히브리어에서 유추해 볼까요?

❶ **고대 히브리어 사전**에 기록된 일반적 의미

첼라: 절하다 의미, 기도하다

❷ **국어사전**에 기록된 가까운 의미

절(하다): [1.1.] 숭배의 대상이나 어른, 또는 죽은 이에게 존경의 뜻으로 몸을 바닥에 구부리고 머리를 조아리는 것, 또는 그렇게 하는 예법.

❸ **성경에 쓰인 용례**

기도하다(스 6:10)

그들이 하늘의 하나님께 향기로운 제물을 드려 왕과 왕자들의 생명을 위하여 기도하게 하라(스 6:10)

절(하다)

צְלָא [첼라]

❹ **묵상 및 해석**

고대 히브리어 '첼라'는 '기도하다', '절하다'의 의미를 가진 말입니다. 에스라 6:10에는 '기도하다'로 표기되어 있습니다. 히브리어 '첼라'는 우리말 '절(하다)'을 유추하게 합니다. 우리말 '절'은 '숭배의 대상이나 어른, 또는 죽은 이에게 존경의 뜻으로 몸을 바닥에 구부리고 머리를 조아리는 것, 또는 그렇게 하는 예법'을 의미합니다.

❺ **참고**: 한글로 기록된 시대와 문헌

우리말 '절'은 '절'의 형태로 15세기 『월인천강지곡』에 기록되었다고 합니다.

118

조르다의
의미를 고대 히브리어에서 유추해 볼까요?

❶ **고대 히브리어 사전**에 기록된 일반적 의미

에조르: 띠, 끈

❷ **국어사전**에 기록된 가까운 의미

조르다: [1.2.] (동여매거나 감은 것을) 단단히 죄다.

❸ **성경에 쓰인 용례**

띠(왕하 1:8, 사 5:27, 렘 13:1)

그들이 그에게 대답하되 그는 털이 많은 사람인데 허리에 가죽 띠를 띠었더이다 하니 왕이 이르되 그는 디셉 사람 엘리야로다(왕하 1:8)

조르다

אֵזוֹר [에조르]

❹ **묵상 및 해석**

고대 히브리어 '에조르'는 '띠', '끈' 등의 의미를 가지고 있습니다. 열왕기하 1:8에는 '띠'로 표기되어 있습니다. 히브리어 '에조르'는 우리말 '조르다', '줄'을 유추하게 합니다. 우리말 '조르다'는 '(동여매거나 감은 것을) 단단히 죄다'의 의미입니다.

❺ **참고: 한글로 기록된 시대와 문헌**

우리말 '조르다'는 옛말 'ᄌᆞᄅᆞ다', '줄ㅇ'의 형태로 15세기 『구급간이방언해』 등에 기록되었다고 합니다.

119

조리다, 조림의
의미를 고대 히브리어에서 유추해 볼까요?

❶ **고대 히브리어 사전**에 기록된 일반적 의미

차르: 적, 고통, 돌

❷ **국어사전**에 기록된 가까운 의미

조리다, 조림: 고기나 채소에 양념을 넣고 국물이 졸아들게 끓이다.

❸ **성경에 쓰인 용례**

괴롭다(시 102:2)

나의 괴로운 날에 주의 얼굴을 내게서 숨기지 마소서 주의 귀를 내게 기울이사 내가 부르짖는 날에 속히 내게 응답하소서(시 102:2)

조리다, 조림

צַר [차르]

❹ **묵상 및 해석**

고대 히브리어 '차르'는 '적', '고통', '돌' 등의 의미를 가지고 있습니다. 시편 102:2에는 '괴로운'으로 표기되어 있습니다. 적이나 고통에 의해 괴로움을 받는다는 의미입니다. 히브리어 '차르'는 '조리다', '조리돌리다', '조림'을 유추하게 합니다. 우리말 '조림'은 '고기나 채소에 양념을 넣고 국물이 졸아들게 끓이다'라는 의미입니다. '조리돌리다'는 죄를 지은 사람에게 내리는 벌로 끌고 돌아다니면서 망신을 시키는 것입니다. 어떤 마음이나 상태가 졸아들도록 계속 고통을 준다는 의미라고 여겨집니다.

❺ **참고**: 한글로 기록된 시대와 문헌

우리말 '조리다'는 16세기 『번역노걸대』에 기록되었다고 합니다.

120

주다의
의미를 고대 히브리어에서 유추해 볼까요?

❶ **고대 히브리어 사전**에 기록된 일반적 의미

준: 양분을 주다, 먹이다, 키우다

❷ **국어사전**에 기록된 가까운 의미

주다: [1.3.] (남에게 먹을 것을) 공급하다.

❸ **성경에 쓰인 용례**

살찌다(렘 5:8)

그들은 두루 다니는 살진 수말같이 각기 이웃의 아내를 따르며 소리 지르는 도다(렘 5:8)

주다

זוּן [준]

❹ 묵상 및 해석

고대 히브리어 '준'은 '양분을 주다', '먹이다', '키우다' 등의 의미를 가지고 있습니다. 예레미야 5:8에는 '살진'으로 표기되어 있습니다. 히브리어 '준'은 우리말 '주다', '준다'를 유추하게 합니다. 우리말 '주다'는 '(남에게 먹을 것을) 공급하다'의 의미입니다. 음식물을 주거나 물건을 주는 것은 먹이거나 공급하는 행동입니다.

❺ 참고: 한글로 기록된 시대와 문헌

우리말 '주다'는 '주다'의 형태로 15세기 『용비어천가』에 기록되었다고 합니다.

121

짜다의
의미를 고대 히브리어에서 유추해 볼까요?

❶ 고대 히브리어 사전에 기록된 일반적 의미

차아: 배설물, 똥

❷ 국어사전에 기록된 가까운 의미

짜다: [2.11.] (무엇을 누르거나 비틀어서) 속에 든 물기나 기름 등의 물질이 밖으로 나오게 하다.

❸ 성경에 쓰인 용례

배설물(신 23:13)

네 기구에 작은 삽을 더하여 밖에 나가서 대변을 볼 때에 그것으로 땅을 팔 것이요 몸을 돌려 그 배설물을 덮을지니(신 23:13)

짜다

צֵאָה [차아]

❹ **묵상 및 해석**

고대 히브리어 '차아'는 '배설물', '똥'의 의미를 가지고 있습니다. 신명기 23:13에는 '배설물'로 표기되어 있습니다. 히브리어 '차아'는 우리말 '짜다', '싸다'를 유추하게 합니다. 우리말 '짜다'는 '(무엇을 누르거나 비틀어서) 속에 든 물기나 기름 등의 물질이 밖으로 나오게 하다'의 의미입니다. 눌러서 짜거나, 배설물을 힘을 주어서 싸는 것도 같은 의미로 보입니다.

❺ **참고:** 한글로 기록된 시대와 문헌

우리말 '짜다'는 옛말인 '뜨다'의 형태로 15세기 『석보상절』에 기록되었다고 하며, 우리말 '싸다'는 옛말인 '뜨다'의 형태로 15세기 『구급간이방언해』에 기록되었다고 합니다.

122

짜부, 찌부러지다의
의미를 고대 히브리어에서 유추해 볼까요?

❶ **고대 히브리어 사전**에 기록된 일반적 의미

　차브: 뚜껑 있는 가마, 도마뱀의 일종, tortoise(거북이)

❷ **국어사전**에 기록된 가까운 의미

　짜부, 찌부러지다: [1.㉡.] (눈이나 코 따위가) 제 모양이 아니게 눌려지다.

❸ **성경에 쓰인 용례**

　도마뱀(레 11:29), 덮개 있는 수레(민 7:3)

　땅에 기는 길짐승 중에 네게 부정한 것은 이러하니 곧 두더지와 쥐와 큰 도마뱀 종류와(레 11:29)

짜부, 찌부러지다

צָב [차브]

❹ **묵상 및 해석**

고대 히브리어 '차브'는 '뚜껑 있는 가마', '도마뱀의 일종(아마도 거북이: tortoise)' 등의 의미를 가지고 있습니다. 레위기 11:29에는 '도마뱀'으로 표기되어 있습니다. 히브리어 '차브'는 우리말 '짜부', '찌부러지다'를 유추하게 합니다. 우리말 '찌부러지다'는 '(눈이나 코 따위가) 제 모양이 아니게 눌려지다'라는 의미입니다. 거북이와 같은 모습이 납작 눌려 짜부라진 모습이라고 여겨집니다.

❺ **참고:** 한글로 기록된 시대와 문헌

우리말 '짜부'는 한글로 기록된 최초 문헌이 국어사전에 표기되어 있지 않습니다.

123

짠의
의미를 고대 히브리어에서 유추해 볼까요?

❶ **고대 히브리어 사전**에 기록된 일반적 의미

잔: '키우다'의 의미의 준(זן)에서 유래, 종류, 유형, 각양

❷ **국어사전**에 기록된 가까운 의미

짠: 1. [감탄사] 숨겨 두었거나 보이지 않고 있던 것을 자랑스럽게 내보일 때 하는 말. - 우리말샘

❸ **성경에 쓰인 용례**

각양(대하 16:14)

다윗 성에 자기를 위하여 파 두었던 묘실에 무리가 장사하되 그의 시체를 법대로 만든 각양 향 재료를 가득히 채운 상에 두고 또 그것을 위하여 많이 분향하였더라(대하 16:14)

짠

זַן [잔]

❹ **묵상 및 해석**

고대 히브리어 '잔'은 키운다는 의미인 히브리어 '준'에서 유래한 말입니다. '종류', '유형', '각양' 등의 의미를 가지고 있습니다. 역대하 16:14에는 '각양'이라는 말로 표기되어 있습니다. 히브리어 '잔'은 우리말 '짠'이나, 한자어 표기가 있는 '잔'을 유추하게 합니다. 우리말 '짠'은 감탄사로, '숨겨 두었거나 보이지 않고 있던 것을 자랑스럽게 내보일 때 하는 말'(우리말샘)입니다.

❺ **참고**: 한글로 기록된 시대와 문헌

우리말 '짠'은 한글로 기록된 최초 문헌이 국어사전에 표기되어 있지 않습니다.

124

쭈그리다의
의미를 고대 히브리어에서 유추해 볼까요?

❶ **고대 히브리어 사전**에 기록된 일반적 의미

추크: 괴롭히다, 압박하다, 촉구하다

❷ **국어사전**에 기록된 가까운 의미

쭈그리다: [1.] (누르거나 우그러뜨려) 부피를 작게 하다.

❸ **성경에 쓰인 용례**

압박하다(욥 32:18)

내 속에는 말이 가득하니 내 영이 나를 압박함이니라(욥 32:18)

쭈그리다

צוק [추크]

❹ 묵상 및 해석

고대 히브리어 '추크'는 '괴롭히다', '압박하다', '촉구하다' 등의 의미를 가지고 있습니다. 욥기 32:18에는 '압박함'으로 표기되어 있습니다. 히브리어 '추크'는 우리말 '쭈그리다'를 유추하게 합니다. 우리말 '쭈그리다'는 '(누르거나 우그러뜨려) 부피를 작게 하다'의 의미입니다. 풍선을 압박하여 누르면 쭈그러듭니다.

❺ 참고: 한글로 기록된 시대와 문헌

우리말 '쭈그리다'는 옛말인 '줏구리다' 형태로 15세기 『월인석보』에 기록되었다고 합니다.

125

찌다의
의미를 고대 히브리어에서 유추해 볼까요?

❶ 고대 히브리어 사전에 기록된 일반적 의미

치야: '바싹 말리다'의 의미, 건조, 사막, 메마르다

❷ 국어사전에 기록된 가까운 의미

찌다: [1.2.] 기온이 높이 오르다.

❸ 성경에 쓰인 용례

메마르다(사 35:1)

광야와 메마른 땅이 기뻐하며 사막이 백합화같이 피어 즐거워하며

(사 35:1)

찌다

צִיָּה [치야]

❹ **묵상 및 해석**

고대 히브리어 '치야'는 '건조', '사막', '메마르다'와 같이 '바싹 말리다'의 의미를 가지고 있습니다. 이사야 35:1에는 '메마른'으로 표기되어 있습니다. 히브리어 '치야'는 우리말 '찌다'를 유추하게 합니다. 우리말 '찌다'는 '기온이 높이 오르다'의 의미입니다. 찌는 듯한 더위는 뜨겁고 건조한 사막을 연상하게 합니다.

❺ **참고:** 한글로 기록된 시대와 문헌

우리말 '찌다'는 옛말인 '﨟다'의 형태로 15세기 『능엄경언해』에 기록되었다고 합니다.

126

찌르다의
의미를 고대 히브리어에서 유추해 볼까요?

❶ **고대 히브리어 사전**에 기록된 일반적 의미

체레다: '꿰뚫다'의 의미, 찌르기, 스레다(지명)

❷ **국어사전**에 기록된 가까운 의미

찌르다: [1.] (끝이 뾰족한 것을 몸에) 세차게 들이밀다.

❸ **성경에 쓰인 용례**

스레다(왕상 11:26)

솔로몬의 신하 느밧의 아들 여로보암이 또한 손을 들어 왕을 대적하였으니 그는 에브라임 족속인 스레다 사람이요 그의 어머니의 이름은 스루아이니 과부더라(왕상 11:26)

찌르다

צְרֵדָה [체레다]

❹ 묵상 및 해석

고대 히브리어 '체레다'는 '찌르기', '꿰뚫다'의 의미를 가지고 있습니다. 열왕기상 11:26에는 지명으로 '스레다'로 표기되었습니다. 히브리어 '체레다'는 우리말 '찌르다'를 유추하게 합니다. 우리말 '찌르다'는 '(끝이 뾰족한 것을 몸에) 세차게 들이밀다'라는 의미입니다.

❺ 참고: 한글로 기록된 시대와 문헌

우리말 '찌르다'는 옛말 '디ᄅᆞ다', '디르다' 형태로 15세기『월인석보』등에 기록되었다고 합니다.

127

찌르다의
의미를 고대 히브리어에서 유추해 볼까요?

❶ **고대 히브리어 사전**에 기록된 일반적 의미

치르아: 장수말벌, 왕벌

❷ **국어사전**에 기록된 가까운 의미

찌르다: [1.] (끝이 뾰족한 것을 몸에) 세차게 들이밀다.

❸ **성경에 쓰인 용례**

왕벌(출 23:28)

내가 왕벌을 네 앞에 보내리니 그 벌이 히위 족속과 가나안 족속과 헷 족속을 네 앞에서 쫓아내리라(출 23:28)

찌르다

צִרְעָה [치르아]

❹ 묵상 및 해석

고대 히브리어 '치르아'는 '장수말벌', '왕벌'의 의미를 가지고 있습니다. 출애굽기 23:28에는 '왕벌'로 표기되어 있습니다. 히브리어 '치르아'는 우리말 '찌르다'를 유추하게 합니다. 우리말 '찌르다'는 '(끝이 뾰족한 것을 몸에) 세차게 들이밀다'라는 의미입니다. 왕벌에 쏘이면 벌침이 사람의 피부를 찔러 뚫습니다.

❺ 참고: 한글로 기록된 시대와 문헌

우리말 '찌르다'는 옛말 '디르다'의 형태로 15세기 『월인석보』에 기록되었다고 합니다.

128

차다의
의미를 고대 히브리어에서 유추해 볼까요?

❶ **고대 히브리어 사전**에 기록된 일반적 의미

차다: 황폐하게 하다, 해하려 하다

❷ **국어사전**에 기록된 가까운 의미

차다: [2.4.] (사람을) 발을 갑자기 힘껏 뻗어 치다.

❸ **성경에 쓰인 용례**

해하려 하다(삼상 24:11)

내 아버지여 보소서 내 손에 있는 왕의 옷자락을 보소서 내가 왕을 죽이지 아니하고 겉옷 자락만 베었은즉 내 손에 악이나 죄과가 없는 줄을 오늘 아실지니이다 왕은 내 생명을 찾아 해하려 하시나 나는 왕에게 범죄한 일이 없나이다(삼상 24:11)

차다

צָדָה [차다]

❹ 묵상 및 해석

고대 히브리어 '차다'는 '황폐하게 하다', '해하려 하다'의 의미를 가지고 있습니다. 사무엘상 24:11에는 '해하려 하(시나)'로 표기되어 있습니다. 히브리어 '차다'는 우리말 '차다'를 유추하게 합니다. 우리말 '차다'는 '(사람을) 발을 갑자기 힘껏 뻗어 치다'의 의미입니다. 발로 사람을 차는 것은 사람을 해치려는 태도입니다.

❺ 참고: 한글로 기록된 시대와 문헌

우리말 '차다'는 옛말인 'ᄎᆞ다'의 형태로 15세기 『분류두공부시언해(초간본)』에 기록되었다고 합니다.

129

차려(강조: 차렷)의
의미를 고대 히브리어에서 유추해 볼까요?

❶ **고대 히브리어 사전**에 기록된 일반적 의미

　차라흐: 날카롭게 소리 지르다, 외치다

❷ **국어사전**에 기록된 가까운 의미

　차려(강조: 차렷): [1.] '움직이지 말고 몸을 반듯하게 하라'는 구령.

❸ **성경에 쓰인 용례**

　외치다(사 42:13)

　여호와께서 용사같이 나가시며 전사같이 분발하여 외쳐 크게 부르시며 그 대적을 크게 치시리로다(사 42:13)

차려(강조: 차렷)

צָרַח [차라흐]

❹ 묵상 및 해석

고대 히브리어 '차라흐'는 '날카롭게 소리 지르다', '외치다' 등의 의미를 가지고 있습니다. 이사야 42:13에는 '외쳐'로 표기되어 있습니다. 히브리어 '차라흐'는 우리말 '차려(강조: 차렷)'을 유추하게 합니다. 우리말 '차려'는 '움직이지 말고 몸을 반듯하게 하라'는 구령입니다.

❺ 참고: 한글로 기록된 시대와 문헌

우리말 '차려'는 한글로 기록된 최초 문헌이 국어사전에 표기되어 있지 않습니다.

130

차마의
의미를 고대 히브리어에서 유추해 볼까요?

---

❶ **고대 히브리어 사전**에 기록된 일반적 의미

차마: 갈증, 목마름

❷ **국어사전**에 기록된 가까운 의미

차마: 1. 부끄럽거나 안타까워서 감히. - 표준국어대사전

❸ **성경에 쓰인 용례**

목마름(출 17:3)

거기서 백성이 목이 말라 물을 찾으매 그들이 모세에게 대하여 원망하여 이르되 당신이 어찌하여 우리를 애굽에서 인도해 내어서 우리와 우리 자녀와 우리 가축이 목말라 죽게 하느냐(출 17:3)

차마

צָמָא [차마]

❹ 묵상 및 해석

고대 히브리어 '차마'는 '갈증', '목마름'을 의미하는 말입니다. 출애굽기 17:3에는 '목말라'로 표기되어 있습니다. 히브리어 '차마'는 우리말 '차마'를 유추하게 합니다. 우리말 '차마'는 '부끄럽거나 안타까워서 감히'(표준국어대사전)입니다. 목말라 애타는 모습은 차마 보기 안타깝습니다.

❺ 참고: 한글로 기록된 시대와 문헌

우리말 '차마'는 옛말인 '츠마'의 형태로 15세기 『석보상절』에 기록되었다고 합니다.

131

찰랑(거리다), 찰랑찰랑의
의미를 고대 히브리어에서 유추해 볼까요?

❶ 고대 히브리어 사전에 기록된 일반적 의미

찰랄: 굴러떨어지다, 잠기다

❷ 국어사전에 기록된 가까운 의미

찰랑찰랑: [1.] 작은 그릇에 가득 담긴 물 등이 넘칠 듯 말 듯한 모양을 나타냄.

❸ 성경에 쓰인 용례

잠기다(출 15:10)

주께서 바람을 일으키시매 바다가 그들을 덮으니 그들이 거센 물에 납같이 잠겼나이다(출 15:10)

찰랑(거리다), 찰랑찰랑
צָלַל [찰랄]

❹ **묵상 및 해석**

고대 히브리어 '찰랄'은 '굴러떨어지다', '잠기다' 등의 의미를 가지고 있습니다. 출애굽기 15:10에는 '잠겼나이다'로 표기되어 있습니다. 히브리어 '찰랄'은 우리말 '찰랑', '찰랑찰랑'을 유추하게 합니다. 우리말 '찰랑찰랑'은 '작은 그릇에 가득 담긴 물 등이 넘칠 듯 말 듯한 모양을 나타냄'의 의미입니다. 물이 가득 차면 주변이 잠기게 되고, 특별히 그릇과 같은 곳이면 물이 넘쳐흘러 떨어지게 됩니다.

❺ **참고:** 한글로 기록된 시대와 문헌

우리말 '찰랑찰랑'은 한글로 기록된 최초 문헌이 국어사전에 표기되어 있지 않습니다.

132

참, 참다의
의미를 고대 히브리어에서 유추해 볼까요?

❶ 고대 히브리어 사전에 기록된 일반적 의미

촘: 금식, 금식일

❷ 국어사전에 기록된 가까운 의미

참: [2.2] 일을 하다가 쉬는 시간에 먹는 것.

참다: [1.] (오줌이나 통증 같은) 생리적 불편을 잘 억누르고 버티다.

❸ 성경에 쓰인 용례

금식(삼하 12:16)

다윗이 그 아이를 위하여 하나님께 간구하되 다윗이 금식하고 안에 들어가서 밤새도록 땅에 엎드렸으니(삼하 12:16)

참, 참다
צוֹם [촘]

❹ **묵상 및 해석**

고대 히브리어 '촘'은 '금식', '금식일'의 의미를 가지고 있습니다. 사무엘하 12:16에는 '금식'으로 표기되어 있습니다. 히브리어 '촘'은 우리말 '참', '참다'를 유추하게 합니다. 우리말 '참'은 '일을 하다가 쉬는 시간에 먹는 것', '참다'는 '(오줌이나 통증 같은) 생리적 불편을 잘 억누르고 버티다'의 의미입니다. 참은 먹는 음식이 아니라, 음식을 먹지 않고 참는 행동이나 시간이 아닐까요.

❺ **참고:** 한글로 기록된 시대와 문헌

우리말 '참'은 한글로 기록된 최초 문헌이 국어사전에 표기되어 있지 않습니다.

133

체다, 체하다의
의미를 고대 히브리어에서 유추해 볼까요?

❶ 고대 히브리어 사전에 기록된 일반적 의미

체다: 음식, 음식물, 양식, 떡, 사냥하다

❷ 국어사전에 기록된 가까운 의미

체다, 체하다: (먹은 음식이) 잘 소화되지 않아 위 속에 남아 내려가지 않다.

❸ 성경에 쓰인 용례

음식물(삼상 22:10)

아히멜렉이 그를 위하여 여호와께 묻고 그에게 음식도 주고 블레셋 사람 골리앗의 칼도 주더이다(삼상 22:10)

체다, 체하다

צֵידָה [체다]

❹ **묵상 및 해석**

고대 히브리어 '체다'는 '음식', '양식', '떡', '사냥하다' 등의 의미를 가지고 있습니다. 사무엘상 22:10에는 '음식'으로 표기되어 있습니다. 히브리어 '체다'는 우리말 '체다', '체하다'를 유추하게 합니다. 우리말 '체하다'는 '(먹은 음식이) 잘 소화되지 않아 위 속에 남아 내려가지 않다'의 의미입니다.

❺ **참고**: 한글로 기록된 시대와 문헌

'체다'는 한글로 기록된 최초 문헌이 국어사전에 표기되어 있지 않습니다.

134

치다의
의미를 고대 히브리어에서 유추해 볼까요?

❶ **고대 히브리어 사전**에 기록된 일반적 의미

친: '찌르다'의 의미, 울퉁불퉁한 바위, 사막의 한 지역(신 광야)

❷ **국어사전**에 기록된 가까운 의미

치다: [2.1.1.] (무엇으로 어떠한 물체를) 세게 두드리다.

❸ **성경에 쓰인 용례**

신 광야(민 13:21)

이에 그들이 올라가서 땅을 정탐하되 신 광야에서부터 하맛 어귀 르홉에 이르렀고(민 13:21)

치다

צִן [친]

❹ 묵상 및 해석

고대 히브리어 '친'은 '울퉁불퉁한 바위'나 '찌르다'의 의미를 가지고 있습니다. 민수기 13:21에는 '신 광야'로 표기되어 있습니다. 히브리어 '친'은 우리말 '치다'를 유추하게 합니다. 우리말 '치다'는 '(무엇으로 어떠한 물체를) 세게 두드리다'라는 의미입니다. 돌로 치는 행동은 뼈를 찔러 부술 수 있습니다.

❺ 참고: 한글로 기록된 시대와 문헌

우리말 '치다'는 옛말인 '티다'의 형태로 15세기 『용비어천가』에 기록되었다고 합니다.

135

키의
의미를 고대 히브리어에서 유추해 볼까요?

❶ **고대 히브리어 사전**에 기록된 일반적 의미

  키르: 벽, 도시의 벽, 제단의 양쪽에 사용되는 벽, 담

❷ **국어사전**에 기록된 가까운 의미

  키: [1.2.] 물건이나 식물 따위의 높이.

❸ **성경에 쓰인 용례**

  벽(레 14:37), 담(민 20:25)

  그 색점을 볼 때에 그 집 벽에 푸르거나 붉은 무늬의 색점이 있어 벽보다 우묵하면(레 14:37)

키

קִיר [키르]

❹ 묵상 및 해석

고대 히브리어 '키르'는 '벽', '도시의 벽', '제단의 양쪽에 사용되는 벽', '담' 등의 의미를 가지고 있습니다. 레위기 14:37에는 '벽'으로 표기되어 있습니다. 히브리어 '키르'는 우리말 키를 유추하게 합니다. 우리말 '키'는 '물건이나 식물 따위의 높이'를 의미합니다. 벽이나 담 등 수직으로 세워진 물체를 보면서 그 높이를 '키'라고 말한 것은 아닐까요.

❺ 참고: 한글로 기록된 시대와 문헌

우리말 '키'는 옛말인 '킈'의 형태로 15세기 『석보상절』에 기록되었다고 합니다.

136

타래의
의미를 고대 히브리어에서 유추해 볼까요?

❶ **고대 히브리어 사전**에 기록된 일반적 의미

　타르알라: 실을 감음, 다랄라(지명, 팔레스틴)

❷ **국어사전**에 기록된 가까운 의미

　타래: [1.] 실이나 끈 따위를 감아 놓은 뭉치.

❸ **성경에 쓰인 용례**

　머리털(아 7:5)

　레겜과 이르브엘과 다랄라와(수 18:27)

타래
תַרְאֵלָה [타르알라]

❹ **묵상 및 해석**

고대 히브리어 '타르알라'는 '실을 감음(reeling)'의 의미를 가지고 있습니다. 아가서 7:5에는 '머리털'로 표기되어 있습니다. 히브리어 '타르알라'는 우리말 '타래'를 유추하게 합니다. 우리말 '타래'는 '실이나 끈 따위를 감아 놓은 뭉치'입니다. '타래'는 이런 실뭉치들의 단위로도 사용됩니다.

❺ **참고: 한글로 기록된 시대와 문헌**

우리말 '타래'는 한글로 기록된 최초 문헌이 국어사전에 표기되어 있지 않습니다.

137

퍼지다, 펴다의
의미를 고대 히브리어에서 유추해 볼까요?

❶ 고대 히브리어 사전에 기록된 일반적 의미

파사: 펼치다, 퍼지다

❷ 국어사전에 기록된 가까운 의미

퍼지다, 펴다: [3.] 병 따위가 전염되거나 다른 부위로 옮아가다.

❸ 성경에 쓰인 용례

퍼지다(레 13:5)

이레 만에 제사장이 그를 진찰할지니 그가 보기에 그 환부가 변하지 아니하고 병색이 피부에 퍼지지 아니하였으면 제사장이 그를 또 이레 동안을 가두어 둘 것이며(레 13:5)

퍼지다, 펴다
פָּשָׂה [파사]

❹ **묵상 및 해석**

고대 히브리어 '파사'는 '펼치다', '퍼지다' 등의 의미를 가지고 있습니다. 레위기 13:5에는 '퍼지지'로 표기되어 있습니다. 히브리어 '파사'는 우리말 '펴다', '퍼지다'를 유추하게 합니다. 우리말 '펴다'는 '병 따위가 전염되거나 다른 부위로 옮아가다'의 의미입니다. '펴다'는 보다 넓게 확산되거나 확산시킨다는 의미로 보입니다.

❺ **참고:** 한글로 기록된 시대와 문헌

우리말 '퍼지다'는 옛말인 '퍼디다'의 형태로 15세기 『석보상절』에 기록되었다고 합니다.

138

푸근하다의
의미를 고대 히브리어에서 유추해 볼까요?

❶ **고대 히브리어 사전**에 기록된 일반적 의미

푸그: 차가워지다, 마비되다, 무감각해지다, 피곤하다

❷ **국어사전**에 기록된 가까운 의미

푸근하다: [1.㉠.] (푹신푹신한 자리처럼) 기분이 편안하다.

❸ **성경에 쓰인 용례**

피곤하다(시 38:8), 해이하다(합 1:4)

내가 피곤하고 심히 상하였으매 마음이 불안하여 신음하나이다

(시 38:8)

푸근하다

פוּג [푸그]

❹ **묵상 및 해석**

고대 히브리어 '푸그'는 '차가워지다', '마비되다', '무감각해지다', '피곤하다' 등의 의미를 가지고 있습니다. 시편 38:8에는 '피곤하고'로 표기되어 있습니다. 히브리어 '푸그'는 우리말 '푸근하다'를 유추하게 합니다. 우리말 '푸근하다'는 '(푹신푹신한 자리처럼) 기분이 편안하다'의 의미입니다. 우리말 '푸근하다'는 감정적으로 부드럽고 편안한 느낌입니다. 무감각하거나 마비되는 느낌으로부터도 이런 편안한 느낌이 생기지 않을까요.

❺ **참고: 한글로 기록된 시대와 문헌**

우리말 '푸근하다'는 한글로 기록된 최초 문헌이 국어사전에 표기되어 있지 않습니다.

139

푼수의
의미를 고대 히브리어에서 유추해 볼까요?

❶ **고대 히브리어 사전**에 기록된 일반적 의미

   푼: 어두워지다, 당혹하다, 산란하다

❷ **국어사전**에 기록된 가까운 의미

   푼수: [4.] 어리석거나 한심한 사람.

❸ **성경에 쓰인 용례**

   당황하다(시 88:15)

   내가 어릴 적부터 고난을 당하여 죽게 되었사오며 주께서 두렵게 하실 때에 당황하였나이다(시 88:15)

푼수

פּוּן [푼]

❹ **묵상 및 해석**

고대 히브리어 '푼'은 '어두워지다', '당혹하다', '산란하다' 등의 의미를 가지고 있습니다. 시편 88:15에는 '당황하였나이다'로 표기되어 있습니다. 히브리어 '푼'은 우리말 '푼수'를 유추하게 합니다. 우리말 '푼수'는 '어리석거나 한심한 사람'을 의미합니다. 뭔가 많이 당황하여 판단력이 어두워지는 사람의 모습을 생각나게 합니다.

❺ **참고:** 한글로 기록된 시대와 문헌

우리말 '푼수'는 한글로 기록된 최초 문헌이 국어사전에 표기되어 있지 않습니다.

140

풀다의
의미를 고대 히브리어에서 유추해 볼까요?

❶ **고대 히브리어 사전**에 기록된 일반적 의미

푸르: 깨뜨리다, 부스러뜨리다, 폐하다

❷ **국어사전**에 기록된 가까운 의미

풀다: [1.1.] (매이거나 묶인 것을) 도로 원래의 상태로 되게 하다.

❸ **성경에 쓰인 용례**

풀다(레 10:6)

모세가 아론과 그의 아들 엘르아살과 이다말에게 이르되 너희는 머리를 풀거나 옷을 찢지 말라 그리하여 너희가 죽음을 면하고 여호와의 진노가 온 회중에게 미침을 면하게 하라 오직 너희 형제 이스라엘 온 족속은 여호와께서 치신 불로 말미암아 슬퍼할 것이니라(레 10:6)

풀다

פור [푸르]

❹ **묵상 및 해석**

고대 히브리어 '푸르'는 '깨뜨리다', '부스러뜨리다', '폐하다' 등의 의미를 가지고 있습니다. 레위기 10:6에는 '풀거나'로 표기되어 있습니다. 히브리어 '푸르'는 우리말 '풀다'를 유추하게 합니다. 우리말 '풀다'는 '(매이거나 묶인 것을) 도로 원래의 상태로 되게 하다'의 의미입니다. 문이 잠기거나 끈으로 묶여 있는 상태를 푼다는 것은, 문을 부수거나 끈을 끊어 버리는 행동도 포함한다고 여겨집니다.

❺ **참고:** 한글로 기록된 시대와 문헌

우리말 '풀다'는 옛말인 '플다'의 형태로 15세기 『석보상절』에 기록되었다고 합니다.

141

품의
의미를 고대 히브리어에서 유추해 볼까요?

❶ **고대 히브리어 사전**에 기록된 일반적 의미

품: 입, 어귀

❷ **국어사전**에 기록된 가까운 의미

품: [2.1.] 일정한 시간 동안에 한 사람이 힘을 들여 하는 육체노동. 일하는 수고.

❸ **성경에 쓰인 용례**

입(단 4:31)

이 말이 아직도 나 왕의 입에 있을 때에 하늘에서 소리가 내려 이르되 느부갓네살 왕아 네게 말하노니 나라의 왕위가 네게서 떠났느니라(단 4:31)

품

 [품]

❹ 묵상 및 해석

고대 히브리어 '품'은 '입', '어귀' 등의 의미를 가지고 있습니다. 다니엘 4:31에는 '입'으로 표기되어 있습니다. 히브리어 '품'은 우리말 '품'을 유추하게 합니다. 우리말 '품'은 '일정한 시간 동안에 한 사람이 힘을 들여 하는 육체노동, 일하는 수고'를 의미합니다. 일을 할 때 일하는 사람의 인원수를 세는 단위로 '품'을 사용하기도 합니다. '품앗이'는 필요할 때 서로 품을 지고 갚는 일입니다. 먹는 입이 몇 명인지 품을 세게 됩니다.

❺ 참고: 한글로 기록된 시대와 문헌

우리말 '품'은 한글로 기록된 최초 문헌이 국어사전에 표기되어 있지 않습니다.

142

피다, 펴다의
의미를 고대 히브리어에서 유추해 볼까요?

❶ 고대 히브리어 사전에 기록된 일반적 의미

파라흐: 터트리다, 날다, 싹이 트다, 피다

❷ 국어사전에 기록된 가까운 의미

피다, 펴다: [1.1.] 꽃잎이나 잎 따위가 벌어지다.

❸ 성경에 쓰인 용례

돋다(민 17:8), 피다(사 35:2)

이튿날 모세가 증거의 장막에 들어가 본즉 레위 집을 위하여 낸 아론의 지팡이에 움이 돋고 순이 나고 꽃이 피어서 살구 열매가 열렸더라(민 17:8)

피다, 펴다

[파라흐]

❹ 묵상 및 해석

고대 히브리어 '파라흐'는 '터트리다', '날다', '싹이 트다', '피다' 등의 의미를 가지고 있습니다. 민수기 17:8에는 '피다'로 표기되어 있습니다. 히브리어 '파라흐'는 우리말 '펴다'를 유추하게 합니다. 우리말 '펴다'는 '꽃잎이나 잎 따위가 벌어지다'의 의미입니다. 팔을 펴거나, 날개를 펴거나, 꽃잎이 피거나 유사한 뜻이 아닐까요.

❺ 참고: 한글로 기록된 시대와 문헌

우리말 '펴다'는 '펴다'의 형태로 15세기 『용비어천가』에 기록되었다고 합니다.

143

하긴, 하기는의
의미를 고대 히브리어에서 유추해 볼까요?

❶ **고대 히브리어 사전**에 기록된 일반적 의미

하긴: 편리한, 적당한, 향한

❷ **국어사전**에 기록된 가까운 의미

하긴, 하기는: 우리말 '하긴'은 '하기는'의 준말입니다. '하기는'은 '앞서 있었던 일이나 이야기를 긍정하면서 뒤의 말을 이을 때 쓰이에 아닌 게 아니라. 실상을 적당히 말하자면'의 뜻입니다.

❸ **성경에 쓰인 용례**

어귀에(겔 42:12)

이 남쪽 방에 출입하는 문이 있는데 담 동쪽 길 어귀에 있더라

(겔 42:12)

하긴, 하기는
הָגִין [하긴]

❹ **묵상 및 해석**

고대 히브리어 '하긴'은 '편리한', '적당한', '향한' 등의 의미를 가지고 있습니다. 에스겔 42:12에는 '어귀에'로 표기되어 있습니다. 히브리어 '하긴'은 우리말 '하긴'을 유추하게 합니다. 우리말 '하긴'은 '하기는'의 준말입니다. '하기는'은 '…아닌 게 아니라, 실상을 적당히 말하자면'의 의미입니다. 고대의 말이지만 말과 뜻이 현재 우리말과 동일하다고 여겨집니다.

❺ **참고:** 한글로 기록된 시대와 문헌

우리말 '하긴'이나 '하기는'은 한글로 기록된 최초 문헌이 국어사전에 표기되어 있지 않습니다.

144

허파의
의미를 고대 히브리어에서 유추해 볼까요?

❶ 고대 히브리어 사전에 기록된 일반적 의미

하바: 살다, 바라다, (생물의 호흡) 살다, 되다

❷ 국어사전에 기록된 가까운 의미

허파: 동물의 가슴 속에 있는, 숨 쉬는 데에 쓰는 기관.

❸ 성경에 쓰인 용례

되고(창 27:29), 있다(전 11:3)

만민이 너를 섬기고 열국이 네게 굴복하리니 네가 형제들의 주가 되고 네 어머니의 아들들이 네게 굴복하며 너를 저주하는 자는 저주를 받고 너를 축복하는 자는 복을 받기를 원하노라(창 27:29)

허파

חָיָה [하바]

❹ 묵상 및 해석

고대 히브리어 '하바'는 '살다', '바라다', '되다', '(생물의 호흡으로 살다)'의 의미를 가지고 있습니다. 창세기 27:29에는 '되고'로 표기되어 있습니다. 히브리어 '하바'는 우리말 '허파'를 유추하게 합니다. 우리말 '허파'는 '동물의 가슴 속에 있는, 숨 쉬는 데에 쓰는 기관'을 의미합니다.

❺ 참고: 한글로 기록된 시대와 문헌

'허파'는 한글로 기록된 최초 문헌이 국어사전에 표기되어 있지 않습니다.

145

호리호리하다의
의미를 고대 히브리어에서 유추해 볼까요?

---

❶ 고대 히브리어 사전에 기록된 일반적 의미

　호리: 혈거인(동굴에 거주하는 사람), 호리 사람들

❷ 국어사전에 기록된 가까운 의미

　호리호리하다: 몸이 가늘어 날씬하다.

❸ 성경에 쓰인 용례

　호리 족속(창 14:6)

　호리 족속을 그 산 세일에서 쳐서 광야 근방 엘바란까지 이르렀으며(창 14:6)

호리호리하다

חֹרִי [호리]

❹ **묵상 및 해석**

고대 히브리어 '호리'는 '혈거인(동굴에 사는 사람)'을 의미합니다. 창세기 14:6에는 '호리 족속'으로 표기되어 있습니다. 히브리어 '호리'는 우리말 '호리호리하다', '호리(병)'을 유추하게 합니다. 우리말 '호리호리하다'는 '몸이 가늘어 날씬하다'의 의미입니다. 호리병은 중간 부분이 잘록하고 가는 병입니다. 굴속에 구멍을 파고 살아갔던 사람들처럼 좁고 가는 형태의 체형을 상상하게 합니다.

❺ **참고**: 한글로 기록된 시대와 문헌

우리말 '호리호리하다'는 한글로 기록된 최초 문헌이 국어사전에 표기되어 있지 않습니다.

146

홀랑의
의미를 고대 히브리어에서 유추해 볼까요?

❶ **고대 히브리어 사전**에 기록된 일반적 의미

홀: 불경스러운, 모독적인, 속된

❷ **국어사전**에 기록된 가까운 의미

홀랑: [1.] (속이 다 드러나도록) 벗거나 벗겨진 모양을 나타냄.

❸ **성경에 쓰인 용례**

속된(레 10:10)

그리하여야 너희가 거룩하고 속된 것을 분별하며 부정하고 정한 것을 분별하고(레 10:10)

홀랑

חֹל [홀]

❹ **묵상 및 해석**

고대 히브리어 '홀'은 '불경스러운', '모독적인', '속된' 등의 의미를 가지고 있습니다. 레위기 10:10에는 '속된'으로 표기되어 있습니다. 히브리어 '홀(라멧을 ㄹㄹ로 발음하면 홀라)'은 우리말 '홀랑'을 유추하게 합니다. 우리말 '홀랑'은 '(속이 다 드러나도록) 벗거나 벗겨진 모양을 나타냄'의 의미입니다..

❺ **참고:** 한글로 기록된 시대와 문헌

우리말 '홀랑'은 한글로 기록된 최초 문헌이 국어사전에 표기되어 있지 않습니다.

147

희다의
의미를 고대 히브리어에서 유추해 볼까요?

❶ **고대 히브리어 사전**에 기록된 일반적 의미

힌: 아름다움, 우아함

❷ **국어사전**에 기록된 가까운 의미

희다: [1.] 눈이나 우유 빛깔처럼 하얗다.

❸ **성경에 쓰인 용례**

늠름한(욥 41:12)

내가 그것의 지체와 그것의 큰 용맹과 늠름한 체구에 대하여 잠잠하지 아니하리라(욥 41:12)

희다

חִין [힌]

❹ 묵상 및 해석

고대 히브리어 '힌'은 '아름다움', '우아함'의 의미를 가지고 있습니다. 욥기 41:12에는 '늠름한'으로 표기되어 있습니다. 히브리어 '힌'은 우리말 '흰', '희다'를 유추하게 합니다. 우리말 '희다'는 '눈이나 우유 빛깔처럼 하얗다'의 의미입니다. '희다'의 본래 의미는 아름답고 우아한 모습을 표현한 말이 아닐까요.

❺ 참고: 한글로 기록된 시대와 문헌

우리말 '희다'는 '희다', 옛말인 '히다'의 형태로 15세기 『분류두공부시언해(초간본)』, 『용비어천가』에 기록되었다고 합니다.

148

흰소리의
의미를 고대 히브리어에서 유추해 볼까요?

❶ 고대 히브리어 사전에 기록된 일반적 의미

히다: 꼬인 것, 교묘함, 어려운 문장, 수수께끼

❷ 국어사전에 기록된 가까운 의미

흰소리: 터무니없이 자랑하거나 실지보다 과장하여 하는 소리.

❸ 성경에 쓰인 용례

속임수(단 8:23), 수수께끼(삿 14:12)

이 네 나라 마지막 때에 반역자들이 가득할 즈음에 한 왕이 일어나리니 그 얼굴은 뻔뻔하며 속임수에 능하며(단 8:23)

흰소리

חִידָה [히다]

❹ 묵상 및 해석

고대 히브리어 '히다'는 '꼬인 것', '교묘함', '어려운 문장', '수수께끼' 등의 의미를 가지고 있습니다. 다니엘 8:23에는 '속임수'로 표기되어 있습니다. 히브리어 '히다'는 우리말 '흰소리'를 유추하게 합니다. 우리말 '흰소리'는 '터무니없이 자랑하거나 실지보다 과장하여 하는 소리'를 의미합니다.

❺ 참고: 한글로 기록된 시대와 문헌

우리말 '흰소리'는 한글로 기록된 최초 문헌이 국어사전에 표기되어 있지 않습니다.

149

디, 데의
의미를 고대 히브리어에서 유추해 볼까요?

❶ **고대 히브리어 사전**에 기록된 일반적 의미

디: [관계사] [접속사] ~때문에, 그래서, ~할 때

❷ **국어사전**에 기록된 가까운 의미

디: [종결 어미] 지난 일을 회상하여 묻는 뜻을 나타냄.
데: [1.2.ⓒ] 것. 사실.

❸ **성경에 쓰인 용례**

것을(단 4:15)

그러나 그 뿌리의 그루터기를 땅에 남겨 두고 쇠와 놋줄로 동이고 그것을 들 풀 가운데에 두어라 그것이 하늘 이슬에 젖고 땅의 풀 가운데에서 짐승과 더불어 제 몫을 얻으리라(단 4:15)

디, 데

דִּי [디]

❹ **묵상 및 해석**

고대 히브리어 '디'는 '~때문에', '그래서', '~할 때' 등과 같은 관계사나 접속사와 같은 의미를 가지고 있습니다. 다니엘 4:15에는 '그것이'로 표기되어 있습니다. 히브리어 '디'는 우리말 '디'나 '데'를 유추하게 합니다. 우리말 '디'는 종결 어미로서 '지난 일을 회상하여 묻는 뜻'을 나타내며, '데'는 '것, 사실'을 의미합니다.

❺ **참고**: 한글로 기록된 시대와 문헌

우리말 '데'는 옛말인 '듸'의 형태로 15세기 『용비어천가』에 기록되었다고 합니다.

150

리(이)의
의미를 고대 히브리어에서 유추해 볼까요?

❶ **고대 히브리어 사전**에 기록된 일반적 의미

  (야이)리: (야일) 족속, (야일) 자손, (야일) 사람

❷ **국어사전**에 기록된 가까운 의미

  리(이): [1.] 면 바로 아래에 있는 한국의 행정 단위를 나타냄.

❸ **성경에 쓰인 용례**

  야일 사람(삼하 20:26)

  야일 사람 이라는 다윗의 대신이 되니라(삼하 20:26)

리(이)

יָאִרְ [{야이}리]

❹ 묵상 및 해석

고대 히브리어 '(야이)리'와 같은 말에서 어미로 붙은 '이'는 '족속'이나 '자손'이나 '사람'을 의미하는 말입니다(보다 정확하게는 'ㄹ' + 'ㅣ' 중에서 'ㅣ'에 해당하는 부분이 족속이나 집단을 나타내는 어미로 사용됩니다). '야이리'는 '야일 족속', '야일 자손', '야일 사람' 등의 의미를 가지고 있습니다. 사무엘하 20:26에는 '야일 사람'으로 표기되어 있습니다. 히브리어 '리'는 우리말 '리', '이'를 유추하게 합니다. 우리말 '이'는 '면 바로 아래에 있는 한국의 행정 단위를 나타냄'의 의미입니다. 지명에 '리'가 붙은 이유는 고대에 어떤 사람을 중심으로 모인 혈족들이 사는 동네라는 의미가 아닐까요.

❺ 참고: 한글로 기록된 시대와 문헌

우리말 '이'는 사람을 나타내는 '이'의 형태로 15세기『용비어천가』에 기록되었다고 합니다.

151

바(所), 와의
의미를 고대 히브리어에서 유추해 볼까요?

❶ **고대 히브리어 사전**에 기록된 일반적 의미

바브: 나무못, 쐐기, 걸이 못

❷ **국어사전**에 기록된 가까운 의미

바(所): [2.4.] [뒤에 오는 어떤 내용을 미리 가리켜] '~대로, ~것인'의 뜻을 나타냄.

와: [2.1.] 여러 개의 명사를 대등하게 이어 줄 때 쓰이는 접속 조사.

❸ **성경에 쓰인 용례**

갈고리(출 26:32)

금 갈고리를 네 기둥 위에 늘어뜨리되 그 네 기둥을 조각목으로 만들고 금으로 싸서 네 은 받침 위에 둘지며(출 26:32)

바(所), 와

ןו [바브]

❹ 묵상 및 해석

고대 히브리어 '바브'는 '나무못', '쐐기', '걸이 못', '갈고리' 등의 의미를 가지고 있습니다. 출애굽기 26:32에는 '갈고리'로 표기되어 있습니다. 히브리어 '바브'는 우리말 '바', '와'를 유추하게 합니다(히브리어 접속사로서 바브는 한 글자로 쓰며 v, w 발음). 우리말 '바'는 뒤에 오는 어떤 내용을 미리 가리켜 '~대로, ~것인'의 뜻을 나타내며, '와'는 '여러 개의 명사를 대등하게 이어 줄 때 쓰이는 접속 조사'를 의미합니다. 갈고리와 같이 서로 연결하는 의미에서 접속을 시키는 말로 사용되어 온 것으로 여겨집니다.

❺ 참고: 한글로 기록된 시대와 문헌

우리말 '바'는 '바'의 형태로 15세기 『석보상절』에 기록되었다고 합니다. '와'는 한글로 기록된 최초 문헌이 국어사전에 표기되어 있지 않습니다.

152

아대(국어사전 미기재)의
의미를 고대 히브리어에서 유추해 볼까요?

❶ **고대 히브리어 사전**에 기록된 일반적 의미

아디: 장신구, 나이, 패물

❷ **국어사전**에 기록된 가까운 의미

아대(국어사전 미기재): 스포츠용 보호장구(축구 정강이 아대 등)

❸ **성경에 쓰인 용례**

장신구(출 33:5, 6)

여호와께서 모세에게 이르시기를 이스라엘 자손에게 이르라 너희는 목이 곧은 백성인즉 내가 한순간이라도 너희 가운데에 이르면 너희를 진멸하리니 너희는 장신구를 떼어 내라 그리하면 내가 너희에게 어떻게 할 것인지 정하겠노라 하셨음이라(출 33:5)

아대(국어사전 미기재)

עֲדִי [아디]

❹ **묵상 및 해석**

고대 히브리어 '아디'는 '장신구', '나이', '패물' 등의 의미를 가지고 있습니다. 출애굽기 33:5에는 '장신구'로 표기되어 있습니다. 히브리어 '아디'는 우리말 '아대'를 유추하게 합니다. 우리말 '아대'는 스포츠용 보호장구(축구 정강이 아대, 손목 아대) 등에 사용되는 말입니다. 장신구를 몸에 부착하듯이 몸에 부착하는 물건이라는 의미가 아닐까요.

❺ **참고:** 한글로 기록된 시대와 문헌

우리말 '아대'는 국어사전에 기록되어 있지 않습니다.

153

아라리, 아라(국어사전 미기재)의
의미를 고대 히브리어에서 유추해 볼까요?

❶ **고대 히브리어 사전**에 기록된 일반적 의미

아라: 벌거벗은 땅, 메마른 땅, 초장

❷ **국어사전**에 기록된 가까운 의미

아라리: 1. 아라리(阿喇唎): [명사] [불교] 넓은 들에 사람의 기척이 없는 지경. - 표준국어대사전

아라: 아라-가야(경상남도 함안 지역에 있었던 나라). - 우리말샘

❸ **성경에 쓰인 용례**

초장(草場)(사 19:7)

나일 가까운 곳 나일 언덕의 초장과 나일 강 가까운 곡식밭이 다 말라서 날려가 없어질 것이며(사 19:7)

아라리, 아라(국어사전 미기재)

עֲרָה [아라]

❹ **묵상 및 해석**

고대 히브리어 '아라'는 '벌거벗은 땅', '메마른 땅', '초장' 등의 의미를 가지고 있습니다. 이사야 19:7에는 '초장'으로 표기되어 있습니다. 히브리어 '아라'는 우리말 '아라리', '아라'를 유추하게 합니다. 우리말 '아라리'는 '아라리(阿喇唎): [명사] [불교] 넓은 들에 사람의 기척이 없는 지경'(표준국어대사전)입니다. '아라'가 넓은 들이나 초장이라면, '아라리(「150. 야이리」참조)'는 넓은 들이나 초장에 사는 사람들이나 마을이 아닐까요?

❺ **참고:** 한글로 기록된 시대와 문헌

우리말 '아라리', '아라'는 한글로 기록된 최초 문헌이 국어사전에 표기되어 있지 않습니다.

154

아롬하게(국어사전 미기재)의
의미를 고대 히브리어에서 유추해 볼까요?

❶ 고대 히브리어 사전에 기록된 일반적 의미

아롬: 벗은, 누더기를 입은, 벌거벗긴

❷ 국어사전에 기록된 가까운 의미

'아롬하게'는 국어사전에 기재된 내용이 없습니다.

❸ 성경에 쓰인 용례

벌거벗은(창 2:25)

아담과 그의 아내 두 사람이 벌거벗었으나 부끄러워하지 아니하니라(창 2:25)

아롬하게(국어사전 미기재)

עָרֹם [아롬]

❹ 묵상 및 해석

고대 히브리어 '아롬'은 '벗은', '누더기를 입은', '벌거벗긴' 등의 의미를 가지고 있습니다. 창세기 2:25에 '벌거벗었으나'로 표기되어 있습니다. 히브리어 '아롬'은 우리말 '아롬하게'를 유추하게 합니다. 우리말 '아롬하게 보다'는 경상 방언이라고 하는데 뜻이 분명하지 않습니다. 히브리어 '아롬'이 벌거벗었다는 의미이므로, 우리말 아롬하게 보는 것은 벌거벗은 듯이 본다는 의미가 아닐까요?

❺ 참고: 한글로 기록된 시대와 문헌

우리말 '아롬하게'는 한글로 기록된 최초 문헌이 국어사전에 표기되어 있지 않습니다.

155

얄라(국어사전 미기재)의
의미를 고대 히브리어에서 유추해 볼까요?

❶ 고대 히브리어 사전에 기록된 일반적 의미

얄랄: 고함치다, 울부짖다, 통곡하다, 슬피 울다

❷ 국어사전에 기록된 가까운 의미

'얄라'는 국어사전에 기재된 내용이 없습니다.

❸ 성경에 쓰인 용례

부르짖다(사 23:1), 통곡하다(겔 30:2)

두로에 관한 경고라 다시스의 배들아 너희는 슬피 부르짖을지어다 두로가 황무하여 집이 없고 들어갈 곳도 없음이요 이 소식이 깃딤 땅에서부터 그들에게 전파되었음이라(사 23:1)

얄라(국어사전 미기재)

יְלֵל [얄랄]

❹ **묵상 및 해석**

고대 히브리어 '얄랄'은 '고함치다', '울부짖다', '통곡하다', '슬피 울다' 등의 의미입니다. 이사야 23:1에는 '부르짖을지어다'로 표기되어 있습니다. 히브리어 '얄랄'은 우리말 '얄라'를 유추하게 합니다. 우리말 '얄라'는 정확한 의미를 알 수 없습니다. 우리말 '얄라'는 고려 시대의 가요인 「청산별곡」에 '얄리 얄리 얄랑셩 얄라리 얄라'의 형태로 기록되어 있습니다. 히브리어 '얄랄'의 의미를 통해 우리말 '얄라'의 의미를 유추하면 '울다', '울부짖다'의 의미가 아닐까요?

❺ **참고:** 한글로 기록된 시대와 문헌

우리말 '얄라'는 한글로 기록된 최초 문헌이 국어사전에 표기되어 있지 않습니다.

156

오호라의
의미를 고대 히브리어에서 유추해 볼까요?

❶ 고대 히브리어 사전에 기록된 일반적 의미

　오홀라: 그녀의 장막(우상의 성소), 창부, 사마리아의 상징적 이름

❷ 국어사전에 기록된 가까운 의미

　오호라: [감탄사] 어떤 사실을 비로소 깨닫거나 납득했을 때 하는 말. - 우리말샘

❸ 성경에 쓰인 용례

　오홀라(겔 23:4)

　그 이름이 형은 오홀라요 아우는 오홀리바라 그들이 내게 속하여 자녀를 낳았나니 그 이름으로 말하면 오홀라는 사마리아요 오홀리바는 예루살렘이니라(겔 23:4)

오호라

אָהֳלָה [오홀라]

❹ **묵상 및 해석**

고대 히브리어 '오홀라'는 '그녀의 장막', '창부'라는 의미를 가지고 있습니다. 에스겔 23:4에는 '오홀라'라는 인명이 표기되어 있습니다. 에스겔 선지자가 도시인 '사마리아'를 지칭하여 사용한 말입니다. 히브리어 '오홀라'는 우리말 감탄사 '오호라'를 유추하게 합니다. 우리말 '오호라'는 '어떤 사실을 비로소 깨닫거나 납득했을 때 하는 말'(우리말샘)입니다.

❺ **참고**: 한글로 기록된 시대와 문헌

우리말 '오호라'는 한글로 기록된 최초 문헌이 국어사전에 표기되어 있지 않습니다.

157

으라차차의
의미를 고대 히브리어에서 유추해 볼까요?

❶ 고대 히브리어 사전에 기록된 일반적 의미

아라츠: 두려워하게 하다, 무서워하다, 놀라다

❷ 국어사전에 기록된 가까운 의미

으라차차: 힘겨운 상대나 상황, 대상을 마주하여 이를 이기고 극복하고자 할 때 힘을 모아 내지르는 소리. - 표준국어대사전

❸ 성경에 쓰인 용례

무서워하다(신 1:29)

내가 너희에게 말하기를 그들을 무서워하지 말라 두려워하지 말라(신 1:29)

으라차차

עָרַץ [아라츠]

❹ 묵상 및 해석

고대 히브리어 '아라츠'는 '두려워하게 하다', '무서워하다', '놀라다' 등의 의미를 가지고 있습니다. 신명기 1:29에는 '무서워하지'로 표기되어 있습니다. 히브리어 '아라츠'는 우리말 '으라차차'를 유추하게 합니다. 우리말 '으라차차'는 '힘겨운 상대나 상황, 대상을 마주하여 이를 이기고 극복하고자 할 때 힘을 모아 내지르는 소리'(표준국어대사전)입니다. 우리나라 만화의 주인공 중 하나인 '아라치'가 연상됩니다.

❺ 참고: 한글로 기록된 시대와 문헌

우리말 '으라차차'는 한글로 기록된 최초 문헌이 국어사전에 표기되어 있지 않습니다.

158

저의
의미를 고대 히브리어에서 유추해 볼까요?

❶ **고대 히브리어 사전**에 기록된 일반적 의미

제: [남성 지시 대명사], 이것, 저것, 여기, 그, 지금, 그의

❷ **국어사전**에 기록된 가까운 의미

저: [3.] 행동이나 이야기의 주인을 다시 되받아서 가리키는 3인칭 대명사.

❸ **성경에 쓰인 용례**

이편(출 14:20), 저편(출 14:20)

애굽 진과 이스라엘 진 사이에 이르러 서니 저쪽에는 구름과 흑암이 있고 이쪽에는 밤이 밝으므로 밤새도록 저쪽이 이쪽에 가까이 못하였더라(출 14:20)

저

זֶה [제]

❹ **묵상 및 해석**

고대 히브리어 '제'는 '이것', '저것', '그', '그의', '지금' 등의 의미를 가지고 있습니다. 출애굽기 14:20에는 '이쪽'으로 표기되어 있습니다. 히브리어 '제'는 우리말 '저', '저기' 등을 유추하게 합니다. 우리말 '저'는 '행동이나 이야기의 주인을 다시 되받아서 가리키는 3인칭 대명사'입니다. '저 사람', '저기 저쪽'과 같은 말로 멀리 있는 대상을 가리킵니다.

❺ **참고:** 한글로 기록된 시대와 문헌

우리말 '저'는 옛말인 '뎌'의 형태로 15세기 『용비어천가』에 기록되었다고 합니다.

159

촌, 손의
의미를 고대 히브리어에서 유추해 볼까요?

❶ **고대 히브리어 사전**에 기록된 일반적 의미

촌: 떼, 무리, 양 떼

❷ **국어사전**에 기록된 가까운 의미

촌: [1.2.] ['~촌'의 꼴로 쓰이어] 특정한 사람들이 모여 살거나 특정 건물들이 모여 있는 곳.

손: [5.1.] (주로) 겹쳐 놓은 저린 고등어 두 마리를 하나로 하는 단위를 나타냄.

❸ **성경에 쓰인 용례**

양 떼(전 2:7)

남녀 노비들을 사기도 하였고 나를 위하여 집에서 종들을 낳기도 하였으며 나보다 먼저 예루살렘에 있던 모든 자들보다도 내가 소와 양 떼의 소유를 더 많이 가졌으며(전 2:7)

촌, 손

צֹאן [촌]

❹ 묵상 및 해석

고대 히브리어 '촌'은 '떼', '무리', '양 떼'의 의미를 가지고 있습니다. 전도서 2:7에는 '양 떼'로 표기되어 있습니다. 히브리어 '촌'은 우리말 '촌', '손'을 유추하게 합니다. 우리말 '촌'은 '…특정한 사람들이 모여 살거나 특정 건물들이 모여 있는 곳', '손'은 '(주로) 겹쳐 놓은 저린 고등어 두 마리를 하나로 하는 단위를 나타냄'의 의미입니다. '촌(村: 마을 촌)'은 한자어가 있지만 작은 마을을 말하기도 하고, 친척 간의 촌(寸: 마디 촌)수를 말하기도 합니다. '손'은 사람의 손(아마도 다섯 손가락의 묶음)으로도 쓰이고, 한 손에 잡을 만한 분량을 세는 단위로도 쓰이고 있습니다. 모두 어떤 무리나 떼라는 뜻을 품고 있습니다.

❺ 참고: 한글로 기록된 시대와 문헌

우리말 '촌'은 한글로 기록된 최초 문헌이 국어사전에 표기되어 있지 않습니다. 우리말 '손'은 '손' 형태로 15세기 『훈민정음(해례본)』에 기록되었다고 합니다.

160

탕의
의미를 고대 히브리어에서 유추해 볼까요?

❶ **고대 히브리어 사전**에 기록된 일반적 의미

타안: 관통하다, 찌르다, 꿰뚫다

❷ **국어사전**에 기록된 가까운 의미

탕: [4.1.] 단단한 물건을 세게 부딪거나 두드릴 때 나는 짧게 울리는 큰 소리를 나타냄.

❸ **성경에 쓰인 용례**

찔려(사 14:19)

오직 너는 자기 무덤에서 내쫓겼으니 가증한 나뭇가지 같고 칼에 찔려 돌 구덩이에 떨어진 주검들에 둘러싸였으니 밟힌 시체와 같도다(사 14:19)

탕

טָעַן [타안]

❹ **묵상 및 해석**

고대 히브리어 '타안'은 '관통하다', '찌르다', '꿰뚫다' 등의 의미를 가지고 있습니다. 이사야 14:19에는 '찔려'로 표기되어 있습니다. 히브리어 '타안'은 우리말 의성어 '탕'을 유추하게 합니다. 우리말 '탕'은 '단단한 물건을 세게 부딪거나 두드릴 때 나는 짧게 울리는 큰 소리를 나타냄'의 의미입니다. 총을 쏠 때 나는 소리도 '탕'으로 표기합니다.

❺ **참고**: 한글로 기록된 시대와 문헌

우리말 '탕'은 한글로 기록된 최초 문헌이 국어사전에 표기되어 있지 않습니다.

161

후달리다(국어사전 미기재)의
의미를 고대 히브리어에서 유추해 볼까요?

❶ **고대 히브리어 사전**에 기록된 일반적 의미

하달: 그만두다, 중단하다, 휴식하다

❷ **국어사전**에 기록된 가까운 의미

후달리다(국어사전 미기재): '불리하다'라는 뜻. - 오픈사전

❸ **성경에 쓰인 용례**

끊어지다(창 18:11), 포기하다(대하 16:5)

아브라함과 사라는 나이가 많아 늙었고 사라에게는 여성의 생리가 끊어졌는 지라(창 18:11)

후달리다(국어사전 미기재)

חָדַל [하달]

❹ **묵상 및 해석**

고대 히브리어 '하달'은 '그만두다', '중단하다', '휴식하다' 등의 의미를 가지고 있습니다. 창세기 18:11에는 '끊어졌는지라'로 표기되어 있습니다. 히브리어 '하달'은 우리말 '후달리다'를 유추하게 합니다. 우리말 '후달리다'는 '남과 비교해서는 재능이 떨어지다'(우리말샘)의 의미입니다. 힘이 들거나 포기해서 그만두거나 중단한다는 의미가 아닐까요.

❺ **참고**: 한글로 기록된 시대와 문헌

우리말 '후달리다'는 한글로 기록된 최초 문헌이 국어사전에 표기되어 있지 않습니다.

162

폐하(陛下)의
의미를 고대 히브리어에서 유추해 볼까요?

❶ 고대 히브리어 사전에 기록된 일반적 의미

  폐하: 지방장관, 총독(앗시리아, 갈대아, 페르시아, 시리아, 유대 총독)

❷ 국어사전에 기록된 가까운 의미

  폐하(陛下): (옛날에) 황제나 황후를 높여서 부르는 말.

❸ 성경에 쓰인 용례

  총독(왕상 20:24)

  또 왕은 이 일을 행하실지니 곧 왕들을 제하여 각각 그곳에서 떠나게 하고 그들 대신에 총독들을 두시고(왕상 20:24)

폐하(陛下)

פֶּחָה [페하]

❹ 묵상 및 해석

고대 히브리어 '페하'는 '지방장관', '총독' 등을 의미하는 관직의 명입니다. 열왕기상 20:24에는 '총독'으로 표기되어 있습니다. 히브리어 '페하'는 우리말 '폐하(陛下)'를 유추하게 합니다. 한자가 있습니다. 한자 '폐하(발음: 삐샤)'는 '대궐 섬돌 아래'라는 뜻이라고 합니다. 우리말 '폐하(陛下)'는 '(옛날에) 황제나 황후를 높여서 부르는 말'의 의미입니다. 고대 페르시아의 '페하'가 총독의 의미였다면, 이 말은 언제 한자로 표기되었을까요.

❺ 참고: 한글로 기록된 시대와 문헌

'폐하'는 황제나 황후에 대한 경칭입니다. '폐하'는 그 어원이 국어사전에 기록되어 있지 않습니다.

참고: 스트롱코드 단어 순서

스트롱코드	히브리어단어	한국어 발음	국어사전 단어
1	אָב	(아브)	아비
6	אָבַד	(아바드)	받다
109	אָדַב	(아다브)	답답하다
113	אָדוֹן	(아돈)	돈
135	אָדָן	(앗단)	단단하다
170	אָהֳלָה	(오홀라)	오호라
213	אוּץ	(우츠)	움츠리다
232	אֵזוֹר	(에조르)	조르다
240	אָזֵן	(아젠)	쟁기
251	אָח	(아흐)	아우
338	אִי	(이)	이(리), 이(빨)
369	אַיִן	(아인)	아니(방언: 아이다)
383	אִיתַי	(이타이)	있다
398	אָכַל	(아칼)	아가리
406	אִכָּר	(익카르)	갈다, (밭)갈이
517	אֵם	(엠)	에미(어미)
523	אֻמָּה	(움마)	움(집)
559	אָמַר	(아마르)	말, 말하다
576	אֲנָא	(아나)	나
594	אֲנָךְ	(아나크)	낚(시)
611	אָסוֹן	(아쏜)	아쉽다
624	אָסֻף	(아쑤프)	숲
639	אַף	(아프)	앞
734	אֹרַח	(오라흐)	올레
990	בֶּטֶן	(베텐)	배, 태(胎), 배때기('배'의 속된 말)

스트롱코드	히브리어단어	한국어 발음	국어사전 단어
998	בִּינָה	(비나)	빌다
1087	בָּלָה	(발레)	바래다
1104	בָּלַע	(발라)	바르다
1121	בֵּן	(벤)	배다
1418	גְּדוּדָה	(게두다)	거두다
1419	גָּדוֹל	(가돌)	거들먹거리다
1576	גְּמוּל	(게물)	가멸다
1709	דָּג	(다그)	대구
1768	דִּי	(디)	디, 데
1798	דָּכַר	(데카르)	대가리
1800	דַּל	(달)	달리다
1802	דָּלָה	(달라)	달다
1803	דָּלָה	(달라)	달다
1808	דָּלִיָּה	(달리야)	다리
1818	דָּם	(담)	담
1856	דָּקַר	(다카르)	다구리
1859	דַּר	(다르)	달
1877	דֶּשֶׁא	(데세)	떼
1903	הָגִין	(하긴)	하긴, 하기는
1911	הָדָה	(하다)	하다
1933	הָוָא	(하바)	허파
2053	וָו	(바브)	바(所), 와
2076	זָבַח	(자바흐)	잡다
2088	זֶה	(제)	저
2109	זוּן	(준)	주다

스트롱코드	히브리어단어	한국어 발음	국어사전 단어
2177	זז	(잔)	짠
2224	זָרַח	(자라흐)	자라다
2233	זֶרַע	(제라)	씨
2308	חָדַל	(하달)	후달리다(국어사전 미기재)
2420	חִידָה	(히다)	흰소리
2433	חִין	(힌)	희다
2455	חֹל	(홀)	홀랑
2752	חֹרִי	(호리)	호리호리하다
2944	טָעַן	(타안)	탕
2972	יָארִי	(야이리)	리(이)
2975	יְאֹר	(예오르)	여울
3013	יָגָה	(야가)	약, 약올리다
3119	יוֹמָם	(요맘)	요맘(때)
3138	יוֹרֶה	(요레)	요, 요래, 요렇게
3213	יָלַל	(얄랄)	얄라(국어사전 미기재)
3254	יָסַף	(야싸프)	얍삽하다
3302	יָפָה	(야파)	예쁘다
3372	יָרֵא	(야레)	야리다
3374	יִרְאָה	(이르아)	이르다
3966	מְאֹד	(메오드)	매우
4037	מַגְזֵרָה	(마그제라)	마구 + 자르다
4127	מוּג	(무그)	묵
4150	מוֹעֵד	(모에드)	모으다
4171	מוּר	(무르)	무르다
4175	מוֹרֶה	(모레)	모르다
4191	מוּת	(무트)	묻다

스트롱코드	히브리어단어	한국어 발음	국어사전 단어
4200	מֶזֶו	(메제브)	메주
4223	מְחָא	(메하)	메어(치다)
4239	מְחִי	(메히)	메
4277	מָחֳק	(마하크)	막, 막하다
4294	מַטֶּה	(맛테)	막대기, 막대
4307	מַטָּרָא	(맡타라)	맡다, 맞다
4396	מִלֻּאָה	(밀루아)	밀다
4414	מָלַח	(말라흐)	마르다
4448	מָלַל	(말랄)	말하다
4516	מִנְעָם	(만암)	맛나다
4631	מְעָרָה	(메아라)	메아리
4739	מָקֵץ	(마카츠)	막다
4945	מַשְׁקֶה	(마쉬케)	마시다
4998	נָאָה	(나아)	낫다
5060	נָגַע	(나가)	나가다
5077	נָדָה	(나다)	나다
5117	נוּחַ	(누아흐)	눕다
5125	נוּן	(눈)	눈
5131	נוֹף	(노프)	높다
5135	נוּר	(누르)	눋다
5147	נֶחְבִּי	(나흐비)	나비
5186	נָטָה	(나타)	낳다
5193	נָטַע	(나타)	놓다
5239	נָלָה	(날라)	나르다
5265	נָסַע	(나싸)	나서다
5431	סָאן	(싸안)	신

스트롱코드	히브리어단어	한국어 발음	국어사전 단어
5462	סָגַר	(싸가르)	싸그리('싹'의 속된 말)
5472	סוּג	(쑤그)	수그리다
5518	סִיר	(씨르)	시루
5520	סֹךְ	(쏘크)	쏙
5536	סַל	(쌀)	살, 살살
5561	סַם	(쌈)	삼(삼하다)
5572	סְנֶה	(쎄네)	쏘다
5592	סַף	(싸프)	삽
5641	סָתַר	(싸타르)	사달
5648	עֲבַד	(아바드)	이바지
5689	עָגַב	(아가브)	아가, 아가미
5716	עֲדִי	(아디)	아대(국어사전 미기재)
5896	עִירָא	(이라)	일나다, 일어나다, 이랴
5930	עֹלָה	(올라)	오르다
5949	עֲלִילָה	(알릴라)	알리다
5973	עִם	(임)	임, 님(존칭)
6018	עָמְרִי	(오므리)	오므리다
6095	עָצָה	(아차)	아차
6169	עָרָה	(아라)	아라리, 아라(국어사전 미기재)
6174	עָרֹם	(아롬)	아롬하게(국어사전 미기재)
6206	עָרַץ	(아라츠)	으라차차
6313	פּוּג	(푸그)	푸근하다
6323	פּוּן	(푼)	푼수
6331	פּוּר	(푸르)	풀다
6346	פֶּחָה	(페하)	폐하(陛下)

스트롱코드	히브리어단어	한국어 발음	국어사전 단어
6433	פֻּם	(품)	품
6448	פָּסַג	(파싸그)	빠삭하다
6524	פָּרַח	(파라흐)	피다, 펴다
6581	פָּשָׂה	(파사)	퍼지다, 펴다
6627	צֹאָה	(차아)	짜다
6629	צֹאן	(촌)	촌, 손
6632	צַב	(차브)	짜부, 찌부러지다
6658	צָדָה	(차다)	차다
6685	צוֹם	(촘)	참, 참다
6693	צוּק	(추크)	쭈그리다
6720	צֵידָה	(체다)	체다, 체하다
6723	צִיָּה	(치야)	찌다
6739	צֵלָא	(첼라)	절(하다)
6749	צָלַל	(찰랄)	찰랑(거리다), 찰랑찰랑
6772	צָמֵא	(차마)	차마
6790	צִן	(친)	치다
6862	צַר	(차르)	조리다, 조림
6868	צְרֵדָה	(체레다)	찌르다
6872	צְרוֹר	(체로르)	자루
6873	צָרַח	(차라흐)	차려(강조: 차렷)
6880	צֹרְעָה	(치르아)	찌르다
6975	קוֹץ	(코츠)	꽃
6979	קוּר	(쿠르)	구렁
7023	קִיר	(키르)	키
7139	קָרַח	(카라흐)	갈다, (털)갈이
7410	רָם	(람)	우람하다, 아름

스트롱코드	히브리어단어	한국어 발음	국어사전 단어
7607	שְׁאָר	(세에르)	살
7681	שַׂגֵּא	(샤게)	싸개
7713	שְׂדֵרָה	(세데라)	사다리('사닥다리'의 준말)
7760	שׂוּם	(숨)	숨다
7794	שׁוֹר	(쇼르)	소
7803	שׁוּתֶלַח	(슈텔라흐)	수틀리다
7949	שָׂלַג	(샬라그)	싸라기
8127	שֵׁן	(셴)	세다
8634	תַּרְאֲלָה	(타르알라)	타래